COLLECTION DE TEXTES
POUR SERVIR A L'ÉTUDE ET A L'ENSEIGNEMENT DE L'HISTOIRE

LA VIE
DE SAINT DIDIER
ÉVÊQUE DE CAHORS
(630-655)

PUBLIÉE

D'APRÈS LES MANUSCRITS DE PARIS ET DE COPENHAGUE

PAR

René POUPARDIN

ANCIEN ÉLÈVE DE L'ÉCOLE DES CHARTES ET DE L'ÉCOLE
DES HAUTES-ÉTUDES

PARIS
ALPHONSE PICARD ET FILS, ÉDITEURS
Libraires des Archives nationales et de la Société de l'École des Chartes
82, RUE BONAPARTE, 82

1900

LIBRAIRIE ALPHONSE PICARD ET FILS, ÉDITEURS
82, RUE BONAPARTE, 82

COLLECTION DE TEXTES

POUR SERVIR

A L'ÉTUDE ET A L'ENSEIGNEMENT DE L'HISTOIRE

La *Collection de textes pour servir à l'étude et à l'enseignement de l'histoire*, fondée en janvier 1886 par l'initiative d'un certain nombre de membres de l'Institut, de l'Université, de l'École des Chartes et de l'École des Hautes-Études, et placée sous le patronage de la Société historique, est publiée par les soins d'un comité composé de MM. Giry, Jalliffier, Langlois, Lavisse, Lemonnier, Luchaire, Molinier, Prou et Thomas.

Elle se compose d'éditions de sources historiques importantes, annales, chroniques, biographies, documents divers, ainsi que de recueils de textes propres à éclairer l'histoire d'une époque déterminée ou d'une grande institution.

Sans exclure aucune période ni aucun pays, l'histoire de France doit cependant y occuper la place principale. Chaque document ou recueil forme un volume, publié séparément, dont le prix, pour les souscripteurs à la collection, est établi à raison de 0 fr. 25 c. la feuille d'impression, sans que le prix des publications d'une année puisse dépasser la somme de 10 francs. La collection s'adressant entre autres personnes aux étudiants, il a paru que le montant de la souscription ne devait pas être plus élevé. Chaque volume est du reste vendu séparément.

Nous avons publié les ouvrages suivants :

GRÉGOIRE DE TOURS, *Histoire des Francs*, livres I-VI; texte du manuscrit de Corbie, publié par H. OMONT; livres VII-X; texte du manuscrit de Bruxelles, publ. par G. COLLON (fasc. 2 et 16).
    Les deux fascicules réunis .... 12 fr. 50
    Pour les souscripteurs à la collection .... 9 fr. »

GERBERT, *Lettres* (983-997), publ. par Julien HAVET (fasc. 6). . *Épuisé.*
    Pour les souscripteurs à la collection .... 5 fr. 50

RAOUL GLABER, *Les cinq livres de ses Histoires* (900-1044), publiés par Maurice PROU (fasc. 1) .... *Épuisé.*
    Pour les souscripteurs à la collection .... 3 fr. 50

Chronique de Nantes (570 environ-1049), publiée par René MERLET, archiviste du département d'Eure-et-Loir (fasc. 19) .... 5 fr. 50
    Pour les souscripteurs à la collection .... 3 fr. 75

ADHÉMAR DE CHABANNES, *Chronique*, publiée par Jules CHAVANON, archiviste du département de la Sarthe (fasc. 20) .... 6 fr. 50
    Pour les souscripteurs à la collection .... 4 fr. 50

EUDES DE SAINT-MAUR, *Vie de Bouchard-le-Vénérable, comte de Vendôme, de Corbeil, de Melun et de Paris (X{e} et XIe siècles)*, publiée par Ch. BOUREL DE LA RONCIÈRE (fasc. 13) .... 2 fr. 25
    Pour les souscripteurs à la collection .... 1 fr. 50

Liber miraculorum sancte Fidis, publié d'après le manuscrit de la Bibliothèque de Schlestadt, avec une introduction et des notes par M. l'abbé A. BOUILLET (fasc. 21) .... 7 fr. 50
    Pour les souscripteurs à la collection .... 5 fr. 25

HARIULF, *Chronique de l'abbaye de Saint-Riquier* (ve siècle-1104), publiée par Ferdinand LOT (fasc. 17) .... 10 fr. »
    Pour les souscripteurs à la collection .... 7 fr. »

SUGER, *Vie de Louis le Gros* suivie de *l'Histoire du roi Louis VII* publiées par A. MOLINIER (fasc. 4) .... *Épuisé.*
    Pour les souscripteurs à la collection .... 4 fr. »

GALBERT DE BRUGES, *Histoire du meurtre de Charles le Bon, comte de Flandre (1127-1128)*, suivie de poésies contemporaines, publiées par H. PIRENNE (fasc. 10) .... 6 fr. »
    Pour les souscripteurs à la collection .... 4 fr. 25

PIERRE DUBOIS, *De recuperatione Terre sancte*, traité de politique générale du commencement du XIVe siècle, publiée par Ch.-V. LANGLOIS (fasc. 9) .... 4 fr. »
    Pour les souscripteurs à la collection .... 2 fr. 75

Annales Gandenses (1296-1310), publiées par Frantz FUNCK-BRENTANO, (fasc. 18) .... 4 fr. 25
    Pour les souscripteurs à la collection .... 3 fr. »

Chronique artésienne (1295-1304), nouv. éd. et *Chronique tournaisienne* (1296-1314), publiée pour la première fois d'après le ms. de Bruxelles, par Frantz FUNCK-BRENTANO (fasc. 25), avec carte .... 4 fr. »
    Pour les souscripteurs à la collection .... 2 fr. 75

Textes relatifs aux institutions privées aux époques mérovingienne et carolingienne, publiés par M. THÉVENIN (fasc. 3).................... Épuisé.
    Pour les souscripteurs à la collection................... 4 fr. 50

Chartes des libertés anglaises (1100-1305), publiées par Ch. BÉMONT (fasc. 12), directeur adjoint à l'École des Hautes-Études............... 4 fr. 50
    Pour les souscripteurs à la collection................... 3 fr. 25

Textes relatifs à l'histoire du Parlement depuis les origines jusqu'en 1314, publiés par Ch.-V. LANGLOIS (fasc. 5)....................... 6 fr. 50
    Pour les souscripteurs à la collection................... 4 fr. 50

Documents relatifs à l'histoire de l'Industrie et du Commerce en France, publiés avec une introduction par G. FAGNIEZ. Fasc. I : Ier siècle avant Jésus-Christ, jusqu'à la fin du XIIIe siècle (fasc. 22)...... 9 fr. 50
    Pour les souscripteurs à la collection................... 6 fr. 50

Les grands traités de la guerre de Cent Ans, publiés par E. COSNEAU (fasc. 7)... 4 fr. 50
    Pour les souscripteurs à la collection................... 3 fr. 25

Ordonnance Cabochienne (mai 1413), publiée par A. COVILLE, professeur à l'Université de Lyon (fasc. 8)............................ 5 fr. »
    Pour les souscripteurs à la collection................... 3 fr. 50

Documents relatifs à l'administration financière en France de Charles VII à François Ier (1443-1523), publiés par G. JACQUETON (fasc. 11).. 8 fr. 50
    Pour les souscripteurs à la collection................... 5 fr. 75

Les grands traités du règne de Louis XIV, fasc. I (1648-1659), publiés par H. VAST (fasc. 15)... 4 fr. 50
    Pour les souscripteurs à la collection................... 3 fr. 25

— Fasc. II (1668-1697) — (fasc. 23)................. 5 fr. 60
    Pour les souscripteurs à la collection................... 4 fr. »

Documents relatifs aux rapports du clergé avec la royauté de 1682 à 1705, publiés par M. MENTION (fasc. 14)........................ 4 fr. 50
    Pour les souscripteurs à la collection................... 3 fr. 25

EXERCICE 1897

PHILIPPE DE BEAUMANOIR, *Coutumes de Beauvaisis*, texte critique publié avec une introduction, un glossaire et une table analytique par A. SALMON, ancien élève de l'École des Hautes-Études, t. I (fasc. 24). 512 p. 12 fr. »
    Pour les souscripteurs à la collection................... 8 fr. »

Lois de Guillaume le Conquérant, en français et en latin, textes et étude critique publiés par John E. MATZKE, professeur de langues romanes à « Leland Stanford Junior University » (Californie), avec une préface historique par Ch. BÉMONT (fasc. 26)................ 2 fr. 25
    Pour les souscripteurs à la collection................... 1 fr. 50

EXERCICE 1898

GUILLAUME DE SAINT-PATHUS, confesseur de la reine Marguerite, *Vie de saint Louis*, publié d'après les manuscrits par H.-François DELABORDE, (fasc. 27)... 4 fr. 50
    Pour les souscripteurs à la collection....... .... 3 fr. 25

Les grands traités du règne de Louis XIV, publiés par Henri VAST, docteur ès lettres, t. III. *La Succession d'Espagne, Traités d'Utrecht, de Rastadt et de Bade* (1713-1714) (fasc. 28)........................... 5 fr. 25
    Pour les souscripteurs à la collection...................... 3 fr. 75

La Vie de saint Didier, évêque de Cahors (630-655), publiée par M. René POUPARDIN, ancien élève de l'École des Chartes et de l'École des Hautes Études (fasc. 29)........................... 2 fr. 25
    Pour les souscripteurs à la collection...................... 1 fr. 50

Les publications suivantes sont en préparation :

BEAUMANOIR, *Coutumes de Beauvaisis*, publiés par M. A. SALMON, t. II et dernier. (*Sous presse.*)

PHILIPPE DE COMMYNES, *Mémoires*, publiés par M. B. DE MANDROT, archiviste-paléographe, t. I. (*Sous presse.*)

Documents relatifs à l'histoire de l'Industrie et du Commerce en France, tome II, XIV⁰ et XV⁰ siècles, par M. G. FAGNIEZ. (*Sous presse.*)

ROBERT DE SORBON, *De conscientia*, publié par M. Chambon, sous-bibliothécaire à la Bibliothèque de l'Université. (*Sous presse.*)

Statuts des hôpitaux et léproseries du moyen âge, recueil de textes publiés par M. Léon LEGRAND, archiviste aux Archives nationales.

Recueil de documents sur l'histoire et la géographie de l'Afrique chrétienne, publ. par M. l'abbé DUCHESNE, membre de l'Institut.

Vie de Louis le Pieux par l'ASTRONOME, publ. par MM. A. MOLINIER, professeur à l'École des Chartes, et A. VIDIER.

Monuments de l'histoire des abbayes de Saint-Philibert (Noirmoutier, Grandlieu, Tournus), publ. par M. A. GIRY, membre de l'Institut.

FLODOARD, *Annales*, publiées par M. COUDERC, bibliothécaire au Département des Manuscrits à la Bibliothèque nationale.

LÉTALD, *Le livre des miracles de saint Mesmin*, abbé de Micy, publié par M. M. POËTE, bibliothécaire de la ville de Besançon.

Recueil d'Annales normandes, publié par M. J. TARDIF, archiviste-paléographe.

ANDRÉ DE FLEURY, *Vie de Gauzlin, abbé de Saint-Benoît-sur-Loire et archevêque de Bourges*, publiée par M. A. VIDIER, ancien élève de l'École des Chartes et de l'École des Hautes-Études.

HELGAUD, *Vie du roi Robert le Pieux*, publiée d'après le manuscrit original par M. F. SOEHNÉE, ancien membre de l'École française de Rome.

GUIBERT DE NOGENT, *Histoire de sa vie*, publiée par MM. LEFRANC, secrétaire du Collège de France, et LEVILLAIN, archiviste-paléographe, professeur agrégé au lycée de Brest.

Extraits des chroniqueurs néerlandais relatifs à l'histoire de France, traduction française, publiée par M. Frantz FUNCK-BRENTANO, docteur ès lettres, bibliothécaire à la bibliothèque de l'Arsenal.

Michel du Bernis, *Chronique des comtes de Foix*, publiée par M. H. Courteault, archiviste aux Archives nationales.

Journal d'un bourgeois de Paris sous le règne de François Ier, publié par M. Caron, archiviste-paléographe.

Marie Mancini, connétable Colonna, *Mémoires*, publiés par M. A. Morel-Fatio, professeur suppléant au Collège de France.

Spanheim, *Relation de la cour de France sous le règne de Louis XIV*, publiée d'après les mss. originaux par M. E. Bourgeois, maître de conférences à l'École normale supérieure.

Textes relatifs aux rapports de la royauté avec les villes en France depuis le XIVe *jusqu'au XVIII*^{e} *siècle*, publiés par M. A. Giry, membre de l'Institut.

Textes relatifs à l'histoire des institutions de la France depuis 1515 jusqu'en 1789, publiés par M. J. Roy, professeur à l'École des Chartes.

Textes relatifs à l'histoire des colonies françaises (XVIIe et XVIIIe siècles), publiés par M. Ch. Grandjean, secrétaire-rédacteur au Sénat.

Documents relatifs aux rapports du clergé avec la royauté de 1705 à 1789, publiés par M. Léon Mention, docteur ès lettres.

Cette liste peut donner une idée du caractère de la collection : Grégoire de Tours, Gerbert, Raoul Glaber, Suger, Galbert de Bruges, ont inauguré les textes originaux dont nous nous proposons de donner des éditions nouvelles; les recueils de textes, comprenant des diplômes, des chartes, des formules, des actes législatifs ou judiciaires, groupés de manière à éclairer l'histoire d'une époque ou d'une institution, mettront à la portée de tous une catégorie de documents depuis longtemps en faveur auprès des historiens, mais restée jusqu'ici assez difficilement accessible en dehors des bibliothèques aux étudiants et aux travailleurs.

Dans le choix des documents et des recueils que nous nous proposons de publier, nous nous préoccupons avant tout de créer des instruments de travail utiles et commodes, analogues à ceux qui existent depuis longtemps pour l'étude de l'antiquité. Nous ne recherchons ni les textes inédits ni les curiosités vaines, notre choix s'est porté et se portera de préférence sur les documents qui nous paraissent les plus utiles, les plus propres à fournir la matière d'explications dans les chaires d'enseignement supérieur, ou la base d'études nouvelles pour les étudiants.

La faveur avec laquelle nos éditions ont été accueillies nous a prouvé que notre tentative répondait à un véritable besoin. En province surtout, où les travailleurs sont moins favorisés qu'à Paris, nous avons recueilli des adhésions et des encouragements précieux. Beaucoup de nos souscripteurs sont entrés en relation avec nous pour nous presser de publier tels ou tels documents ou pour nous conseiller certaines améliorations. Nous avons ainsi décidé, à la demande de plusieurs d'entre eux, que nos éditions de chroniques seront accompagnées de courts sommaires en français, qui faciliteront la lecture du texte et y rendront les recherches plus aisées.

Nous ne saurions, en revanche, comme on nous l'a demandé de divers côtés, augmenter le nombre de nos publications, ni en développer beaucoup les notes grammaticales et historiques. Nous sommes liés, en effet, par les conventions acceptées par nos souscripteurs, et, d'autre part, nous proposant de créer des instruments d'études, nous ne devons pas, en multipliant les notes, prévenir tout effort pour l'intelligence des textes. Nous voulons avant tout donner des éditions correctes et maintenir à l'ensemble de l'œuvre l'unité de la méthode et un caractère rigoureusement scientifique. En parlant d'unité dans la méthode, nous ne voulons pas dire — et les volumes publiés jusqu'ici le montrent assez — que nous entendons imposer à nos collaborateurs un cadre et des procédés uniformes. Il nous a paru que chacune de nos publications, selon les textes qu'elle contient, devait au contraire avoir son individualité propre et que l'unité résulterait de l'application à tous nos recueils des méthodes scientifiques les meilleures et les mieux appropriées. Un index alphabétique de noms propres, nécessaire aux éditions des chroniques, nous paraît avantageusement remplacé par des tables de matières, méthodiques ou alphabétiques, dans des recueils de textes, comme ceux qu'ont publiés MM. Thévenin, Langlois et Cosneau. Les notes explicatives qui peuvent être très rares dans des textes relativement faciles comme ceux de Raoul Glaber et de Suger, ou souvent commentés et traduits comme celui de Grégoire de Tours, nous ont paru, au contraire, indispensables pour les lettres si souvent énigmatiques de Gerbert. Les biographies de Grégoire de Tours, de Raoul Glaber, de Suger, sont assez connues pour qu'il ait paru suffisant d'en rappeler seulement les faits principaux ; celle de Gerbert, au contraire, demandait à être écrite avec détail, car elle a pour objet de justifier les dates attribuées à chacune de ses lettres.

Notre intention est de ne publier que des éditions critiques, dont les textes doivent reposer sur le classement des manuscrits; nous avons cru cependant pouvoir déroger exceptionnellement à cette règle pour l'*Histoire des Francs* de Grégoire de Tours : la valeur, l'autorité et l'intérêt philologique des deux manuscrits employés nous ont paru une justification suffisante.

Nous n'avons plus besoin d'insister aujourd'hui sur l'utilité de cette Collection. Nos volumes ont servi à des explications et à des exercices dans les Facultés et dans les Écoles; plusieurs d'entre eux ont été choisis pour les épreuves des concours d'agrégation. Réunis, ils formeront une bibliothèque qui convient non seulement aux professeurs, aux étudiants des Facultés, aux élèves de l'École normale, de l'École des Chartes et de l'École des Hautes-Études, mais aussi à tous ceux qui sont curieux d'étudier l'histoire à ses sources mêmes.

A. GIRY, Membre de l'Institut, professeur à l'École des Chartes et à l'École des Hautes-Études ;

R. JALLIFFIER, professeur au lycée Condorcet ;

Ch.-V. LANGLOIS, chargé de cours à la Faculté des lettres de Paris ;

E. LAVISSE, de l'Académie française, directeur d'études pour l'histoire à la Faculté des lettres de Paris ;

H. LEMONNIER, professeur d'histoire à l'École des Beaux-Arts ;

A. LUCHAIRE, Membre de l'Institut, professeur à la Faculté des lettres de Paris ;

A. MOLINIER, professeur à l'École des Chartes ;

M. PROU, bibliothécaire à la Bibliothèque Nationale ;

A. THOMAS, chargé de cours à la Faculté des lettres de Paris.

Adresser les souscriptions à MM. Alphonse Picard et fils, éditeurs, rue Bonaparte, n° 82, à Paris.

MACON, PROTAT FRÈRES, IMPRIMEURS.

LA
VIE DE SAINT DIDIER

ÉVÊQUE DE CAHORS

(630-655)

MÂCON, PROTAT, FRÈRES, IMPRIMEURS

COLLECTION DE TEXTES
POUR SERVIR A L'ÉTUDE ET A L'ENSEIGNEMENT DE L'HISTOIRE

LA VIE
DE SAINT DIDIER
ÉVÊQUE DE CAHORS
(630-655)

PUBLIÉE
D'APRÈS LES MANUSCRITS DE PARIS ET DE COPENHAGUE

PAR

René POUPARDIN
ANCIEN ÉLÈVE DE L'ÉCOLE DES CHARTES ET DE L'ÉCOLE
DES HAUTES-ÉTUDES

PARIS
ALPHONSE PICARD ET FILS, ÉDITEURS
Libraires des Archives nationales et de la Société de l'École des Chartes
82, RUE BONAPARTE, 82

1900

INTRODUCTION

La vie de saint Didier de Cahors est la biographie d'un grand évêque du vii° siècle, ancien familier et trésorier de Clotaire II et de Dagobert Ier, ami de saint Éloi, de saint Ouen et de saint Arnoul. Si elle donne peu de renseignements d'un caractère proprement historique, elle ne manque cependant pas d'intérêt. C'est, en effet, l'un des rares textes relatifs à la région méridionale de la Gaule durant la période mérovingienne qui nous soient parvenus. Rapprochée, d'autre part, de la correspondance de Didier, elle permet de se rendre compte, dans une certaine mesure, de l'activité de ces évêques du vii° siècle, recrutés comme les fonctionnaires civils dans l'entourage roy... placés par le choix du souverain sur le siège épiscopal.

Mais tandis que les lettres écrites par saint Didier ou reçues par lui, et dont un manuscrit de Saint-Gall [1] nous a conservé le précieux recueil, ont été l'objet d'une excellente édition, due à M. Arndt [2], on en est réduit pour la

---

1. Bibl. de S. Gall, n° 190 (ix° siècle).
2. *Epistolae merowingici et carolini aevi* (Mon. Germ. hist., in-4°, Berlin, 1892), p. 191-214. C'est à cette édition que se rapportent nos renvois aux deux livres des lettres de saint Didier dont nous désignons le recueil par l'abréviation *Ep.*

Vita au texte imprimé par Labbe, donné d'après un très médiocre manuscrit, et dépourvu de toute espèce de notes. Les *Acta Sanctorum* des Bollandistes n'ayant point encore atteint le 15 novembre, jour auquel se célèbre la fête du saint, et M. Bruno Krusch n'ayant pas jusqu'à présent compris cette biographie parmi celles qu'il a publiées pour la collection des *Monumenta Germaniae*, il était nécessaire de donner de la *Vita sancti Desiderii* un texte correct, établi d'après le meilleur manuscrit, et accompagné des notes indispensables.

C'est ce travail que nous avons entrepris sur les bienveillantes indications de M. A. Molinier, au cours des conférences dirigées par lui à l'École des Hautes-Études durant l'année 1897-1898, et nous tenons à lui exprimer ici toute notre reconnaissance des conseils qu'il a bien voulu nous donner.

§ 1. — LA *VITA SANCTI DESIDERII*

En dehors de M. Mabille[1], qui s'est laissé entraîner à porter sur cette vie un jugement plus que défavorable, mais dont certains termes permettent de croire que le savant éditeur des premiers volumes de l'*Histoire de Languedoc* n'avait pas examiné ce texte avec beaucoup d'attention, les érudits anciens et modernes, depuis Mabillon[2] et les auteurs de l'*Histoire littéraire*[3] jusqu'à M. A. Molinier[4], sont d'accord

---

1. *Hist. de Languedoc*, t. II, p. 170. « On ne peut guère accorder plus de confiance [qu'à la charte d'Alaon] à la vie de saint Didier, du moins telle qu'elle a été imprimée par le P. Labbe et par les Bollandistes. Ceux-ci se sont servis d'un texte altéré par de nombreuses interpolations de date assez récente. » Or : 1° la vie n'a pas été imprimée par les Bollandistes; 2° le texte que nous possédons paraît appartenir à une rédaction unique, sans aucune marque d'interpolation.
2. *Vetera analecta*, éd. in-f°, p. 520.
3. *Hist. litt.*, t. III, p. 509.
4. *Hist. de Languedoc*, t. I, p. 668.

pour reconnaître la valeur de ce document. Mabillon le jugeait contemporain, et cette manière de voir a été adoptée en dernier lieu par M. Arndt [1]. M. Molinier, au contraire, a hésité au sujet de la date, qu'il proposait, sans d'ailleurs insister beaucoup sur cette opinion, de rapporter au IX° siècle.

La latinité de la *Vita* est, en effet, bien supérieure à celle d'autres œuvres du VII° siècle, de la chronique de Frédégaire par exemple. Elle semblerait donc indiquer un temps où la Renaissance carolingienne faisait déjà sentir son influence. Mais il faut remarquer que le plus ancien ms. que nous possédons de la *Vita* n'est que du X° siècle, et que par conséquent le scribe est toujours suspect d'avoir corrigé les erreurs et les fautes trop grossières du texte qu'il avait sous les yeux. D'ailleurs, il y a encore, même dans l'état actuel, bien des incorrections que l'on pourrait supposer provenir du manuscrit primitif, de brusques changements de construction au milieu des phrases, des confusions assez fréquentes entre les diverses désinences casuelles. D'autre part, il paraît bien difficile de savoir ce qu'était au VII° ou au VIII° siècle la culture dans la Gaule méridionale, influencée peut-être par les écoles wisigothiques de l'Espagne. Les arguments tirés de l'étude de la langue de la *Vita* ne sauraient donc avoir bien grande valeur.

Mais ce n'est pas à dire que l'on doive, à notre avis, considérer ce texte comme contemporain de saint Didier, ou du moins écrit très peu de temps après la mort de celui-ci. L'auteur ne dit nulle part, en effet, qu'il ait connu personnellement Didier ou même ses disciples, des hommes de sa génération ou de celle qui la suivit immédiatement. Il y a, il est vrai, un passage que l'on pourrait être tenté de considérer comme une affirmation de ce genre. Au chapitre

---

[1]. *Epistolae merow. et carol. aevi*, p. 192.

17, racontant l'un des miracles de son héros, le biographe s'exprime ainsi : « Hinc est quod rei hujus quam narro testis existens spiritum sibi prophetiae agnitum demonstravit ». Au premier abord, il semble qu'il n'y ait pas de doute : le narrateur se dit témoin oculaire du fait qu'il raconte, mais les mots « testis existens » doivent plutôt, d'après nous, être rapportés à saint Didier lui-même. Il est question, en effet, non pas précisément du don de prophétie, de connaissance anticipée des événements futurs, mais plutôt de ce que nous appellerions le don de vision à distance: Didier est miraculeusement « témoin » d'un fait qui se passait loin de lui, alors que ses deux clercs dévoraient en cachette les provisions envoyées par l'évêque à l'ermite Arvanus, et nous ne saurions conclure de ce passage que l'auteur prétende avoir vu de ses yeux se passer le fait qu'il relate.

Outre cet argument pour ainsi dire négatif, tiré du silence du narrateur touchant les rapports qu'il aurait pu avoir personnellement avec saint Didier, il est à remarquer qu'il mentionne un certain évêque Agarnus (ou Awarnus) de Cahors. Or, nous connaissons pour cette ville un évêque de ce nom mentionné dans un acte de Moissac, daté de 673[1] ou 773[2] et de la deuxième année du règne d'un certain prince Louis. La date de l'incarnation ne figurait sans doute pas dans l'acte original, mais elle ne suffit pas à rendre suspecte la copie que nous possédons, et doit provenir très probablement du fait du compilateur du cartulaire de Moissac.

---

1. *Cartul. de Moissac*, Bib. nat., coll. Doat, t. CXXVIII, f° 1. C'est une donation de divers biens faite par l'évêque Awarnus à l'abbaye de Moissac et à l'abbé Hermoninus.
2. Selon Mabillon, qui a publié l'acte (*Ann. Benedictini*, t. II, p. 263). Il propose d'ailleurs de corriger DCCLXXIII en DCCLXXXIII. Lagrèze-Fossat (*Études histor. sur Moissac*, t. III, p. 7) se prononce aussi pour DCCLXXIII.

La date de 673 est inadmissible [1], et, d'autre part, l'abbé Hermeninus, mentionné dans l'acte, étant le xie dans la liste, assez douteuse il est vrai, des abbés de Moissac [2], le prince Louis ne peut guère être que le futur Louis le Pieux auquel son père confia, en 781 [3], le gouvernement de l'Aquitaine. L'acte doit donc être rapporté à 783 [4]. Cet Agarnus semble être encore mentionné dans une charte d'échange provenant du monastère de Figeac et datée de 819 ou 820 [5]. La Vie, dans son état actuel, serait donc au plus tôt de la fin du viiie siècle ou du commencement du ixe. On pourrait, il est vrai, supposer qu'il y eut sur le siège épiscopal de Cahors deux prélats du nom d'Agarnus, ce à quoi ne s'oppose pas la liste très incomplète des évêques de cette ville, mais c'est là une hypothèse absolument gratuite. Il y aurait tout aussi peu de raisons pour considérer le miracle lui-même comme une interpolation d'époque postérieure. Les *Miracula*, en effet, semblent bien faire corps avec la Vie, à la suite de laquelle ils sont si naturellement amenés que rien ne les en distingue dans le ms. de Moissac, et avant l'épilogue de laquelle ils sont placés dans nos trois mss. Si même on voulait s'appuyer sur certaines formules figurant à la fin du récit des miracles VI à XII, pour soutenir qu'à un moment donné chacun d'eux a dû se trouver le dernier de la série existante, et qu'ils constituent par conséquent des additions

---

1. En 673, le souverain du Quercy n'était pas un prince du nom de Clovis, mais Childéric II.
2. B. nat., ms. lat. 12.685 (*Monast. Benedictinum*, t. XVIII), f° 86. La *Gallia christ.*, t. I, col. 59, ne le cite que d'après notre acte.
3. Böhmer-Muhlbacher, *Reg. Karol.*, p. 210.
4. C'est ce qu'avait déjà reconnu Mabillon, l. cit.
5. Lecointe, *Ann. eccles. regni Francor.*, an. 820, n° 27; *Gall. Christ.*, t. I, col. 74. C'est uniquement d'après cette charte de Figeac que La Croix (*Series episcoporum Cadurcensium*, p. 43, n° 52) cite cet évêque, qu'il appelle Angarius.

successives, le miracle V, qui fait mention d'Agarnus, resterait en dehors de ces morceaux supposés postérieurs.

En un ou deux passages d'ailleurs le narrateur emploie des termes tendant à faire supposer qu'un intervalle plus ou moins long s'est écoulé entre la mort du saint et l'époque à laquelle lui-même écrit [1]. Il ne désigne, d'autre part, le monastère construit par saint Didier, et qui devint plus tard Saint-Géry de Cahors, que par les mots « suum monasterium ». Or nous savons que l'établissement était primitivement dédié à saint Amans [2], et qu'il devint plus tard seulement le *monasterium sancti Desiderii*. C'est là, semble-t-il, un indice que l'auteur vivait après le moment, inconnu du reste, où eut lieu le changement de vocable. Ajoutons qu'il commet une ou deux erreurs difficilement admissibles de la part d'un contemporain. C'est ainsi qu'il dit expressément qu'il n'y avait pas de moines dans le Quercy avant l'épiscopat de saint Didier [3]. Or Grégoire de Tours [4] parle d'un abbé de ce pays, et le précepte de Dagobert, ordonnant la consécration de Didier, mentionne « les abbés » de Cahors [5]. Le biographe cite enfin, parmi les contemporains de l'évêque, un certain serviteur de Dieu vivant à Angoulême, nommé Éparcius [6], lequel

---

1. *Mir.* XI. « Adiciatur et illuc quod *moderno tempore gestum est* ». Dans l'épilogue, il est fait allusion à de « fréquentes guerres », à des « incursions continuelles » qui ont ruiné le Quercy depuis la mort de saint Didier, et qu'il faut peut-être rattacher aux invasions arabes. De même au ch. 14, il est question de l' « antiquitas » des temps écoulés depuis l'époque de saint Didier, aussi bien que de ceux qui l'ont précédé.
2. Cf. infra, p. 22, n. 1.
3. *Vita*, c. 13.
4. *Hist. Fr.*, VII, 30.
5. *Vita*, c. 7 : « et dum civium abbatumque Cadurcorum consensus ». La remarque a déjà été faite par Mabillon, *Ann. Bened.*, t. 1, p. 328.
6. *Vita*, c. 15. La plupart des personnages nommés dans ce passage sont des évêques, et on a voulu faire de celui-ci un évêque d'Angoulême nommé Eparcius, ou Ebargehenus selon la variante du ms. B, vivant au VIIe siècle

ne paraît être autre que le célèbre saint Cybar, mort à la fin du vi[e] siècle[1].

Tout en ignorant l'ancienneté de la vie régulière dans le Quercy, l'auteur devait lui-même appartenir à un établissement monastique. Les expressions qu'il emploie, en parlant des lettres d'Herchenfreda, indiquent qu'il faisait partie d'une communauté[2]. Mais il ne peut pas s'agir du clergé de l'église cathédrale, auquel l'auteur semble, dans un autre passage, opposer les clercs parmi lesquels il se range lui-même[3]. Il parle à diverses reprises des moines, s'intéresse, comme nous l'avons dit, à leurs débuts à Cahors au temps de saint Didier[4], à leur rôle lors des funérailles de celui-ci[5]. Comme il est certainement du Quercy, et parle de Cahors en homme qui connaît bien la ville[6], il est très vraisemblable qu'il faut voir en lui un frère de l'un des deux monastères dont il parle avec le plus de détails, celui de Moissac[7], ou celui que fonda saint Didier. C'est d'ailleurs sur ce dernier qu'il semble le mieux renseigné. Il raconte

---

et distinct de saint Cybar (D. Vaissete, *Hist. de Languedoc*, nouvelle éd., t. II, p. 167). Mais aucun Eparchius ou Ebargehenus ne figure parmi les évêques d'Angoulême, dont un ancien catalogue vient d'être récemment publié par M. de Puybaudet (*Mél. d'archéol. et d'histoire* de l'École française de Rome, 1897, p. 218). D'autre part, dans le même passage figure un abbé de Luxeuil, saint Eustase, au moins dans le texte le plus correct, celui du ms. A.

1. Il est à remarquer aussi que la Vie n'a pas de prologue, ce qui serait une marque de non-ancienneté. Mais on pourrait répondre à ceci que le texte que nous possédons commence par le mot *igitur* ; or cette conjonction suppose au moins une phrase la précédant, et par conséquent, il a pu y avoir un prologue perdu. Aussi, n'insisterons-nous pas sur ce point, bien que nous considérions, en raison de la valeur du texte du ms. de Moissac, cette hypothèse d'un prologue perdu comme étant peu admissible.

2. *Vita*, c. 3: « quorum exemplar apud *nos* habito testamento... »
3. *Epilog.*, p. 55. « Desiderius *tuus*, imo *noster* ».
4. *Vita*, c. 13. Cf. supra et c. 11.
5. *Vita*, c. 19 : « nullus monachus domi resedit... Plangebant.. abbates pastorem ». Didier, à la cour, observe « cautelam monachi » (*Vita*, c. 2).
6. Cf. *Vita*, c. 9, et *Epil.*, p. 54-55.
7. *Vita*, c. 13.

sa fondation [1], connaît les noms des premiers abbés [2], ceux des terres qui lui ont été données [3], paraît très au courant de la manière dont avait lieu la réception des pèlerins, venus à Cahors pour y chercher la guérison de leurs maux auprès du tombeau du bienheureux évêque [4]. On s'expliquerait d'ailleurs assez bien que la maison où reposait le corps du saint ait été dépositaire de documents tels que les lettres d'Herchenfreda [5] ou le testament [6] de celui qui avait fondé le monastère et l'avait enrichi de ses libéralités.

L'auteur, en effet, s'il n'était pas contemporain de saint Didier, a du moins composé son œuvre d'après des documents authentiques et des renseignements sûrs. En fait de documents, il cite lui-même le testament de Siagrius, comte d'Albi, frère de saint Didier [7], les lettres dont nous avons parlé plus haut, les actes émanés de Dagobert I et relatifs à l'élection de Didier comme évêque de Cahors [8], enfin le testament de ce dernier [9]. Mais il a eu certainement entre les mains quelque chose de plus, car les renseignements chronologiques qu'il fournit sont trop précis pour qu'ils puissent provenir de la tradition orale. Il a connu soit une sorte de catalogue épiscopal [10], contenant des indications

---

1. *Vita*, c. 11.
2. *Ibid.*
3. *Vita*, c. 16 et 17.
4. *Vita*, mir. 3, 4, 6, 7, 9, 11, 12.
5. *Vita*, c. 3.
6. *Vita*, c. 18. Ce testament est cependant en faveur de l'église cathédrale.
7. *Vita*, c. 3.
8. *Vita*, c. 7 et 8.
9. *Vita*, c. 18.
10. Un martyrologe, suppose M. Molinier (*l. cit.*), qui admet également que l'auteur a peut-être emprunté à la chronique de Frédégaire les renseignements qu'il donne sur les rois mérovingiens (*Vita*, c. 2 et 19). Mais le texte connu par le rédacteur de la *Vita* actuelle devait être assez détaillé; il devait contenir notamment les indications relatives à la correspondance des années de règne des rois avec celles de l'épiscopat de Didier, car lorsque des hagiographes du ixe siècle veulent combiner ou transformer des données de ce genre, ils y réussissent rarement.

assez développées, soit peut-être une vie plus ancienne ou tout au moins une notice détaillée relative au prélat et à ses miracles, texte auquel fait peut-être allusion un passage de la vie que nous possédons [1].

En revanche, il nous paraît assez peu probable que l'auteur de la Vie ait connu le recueil des lettres de saint Didier. Non seulement, en effet, il ne cite point ces lettres, mais il est vraisemblable qu'il leur aurait emprunté, s'il les avait connues, certaines indications de même nature que celles qu'il donne avec le plus de complaisance, noms des saints personnages [2] avec lesquels Didier entretint des relations d'amitié, ou détails sur les constructions de l'évêque [3].

En résumé, nous considérons la *Vita sancti Desiderii*, telle que nous la possédons aujourd'hui, comme ayant été écrite à la fin du viiie siècle ou au commencement du ixe, par un moine de Saint-Géry de Cahors, d'après des documents anciens, et sans doute d'après un texte narratif antérieur, vie primitive ou notice développée d'un catalogue épiscopal. L'auteur paraît d'ailleurs un homme soigneux, aussi soucieux de rapporter exactement et *in extenso* les textes dont il se sert, que d'introduire dans la biographie de son personnage des amplifications oratoires et morales, ou des récits. Certains textes, ceux par exemple émanant du monas-

---

1. Le récit du *Mir.* III se termine ainsi : « Adiciatur et illud quod actus tulit miraculum », expression qui peut d'ailleurs ne s'appliquer qu'à une sorte de *libellus* où auraient été notés les miracles, et à laquelle il ne faut pas attacher un sens trop précis.
2. Chlodulf et Abbon de Metz, Césaire de Clermont, Constance d'Albi, etc., sans parler du maire du palais Grimoald, car le biographe rappelle volontiers les relations du saint avec les grands du siècle.
3. Par exemple sur l'inauguration de la basilique du monastère de saint Amans (*Ep.*, I, 2), sur la construction de tuyaux en bois pour amener l'eau à Cahors (*Ib.*, I, 13), sur Agilenus, père de Bobila (*Ib.*, II, 13), tous deux mentionnés dans la Vie, sans que l'auteur semble connaître le lien qui unit ces deux personnages.

tère de Saint-Wandrille, écrits seulement à l'époque carolingienne, n'en ont pas moins pour la période mérovingienne une valeur de premier ordre. Il semble que la *Vita sancti Desiderii* soit de ce nombre, et que, tout en étant assez postérieure aux événements qu'elle retrace, elle n'en reste pas moins une des plus dignes de foi comme aussi l'une des plus intéressantes parmi ces vies de saints qui constituent, pour l'histoire du règne de Dagobert Ier, notre source la plus abondante.

§ 2. — CHRONOLOGIE DE LA VIE DE SAINT DIDIER

L'existence de saint Didier, en dehors d'une mention sans intérêt de la *Vita sancti Maximi*[1], est connue uniquement par la Vie dont nous publions ici le texte, et par les lettres de l'évêque. Nous nous sommes efforcés de reporter ou de signaler les renseignements que contiennent celles-ci dans les notes qui accompagnent la présente édition. Il ne nous a donc pas semblé utile de faire précéder celle-ci d'une biographie du personnage. Néanmoins nous croyons commode de grouper ici les diverses indications chronologiques fournies par la *Vita*.

L'époque de la naissance de Didier est inconnue. Le P. Pagi[2] la croyait antérieure à 581, date de la mort de saint Cybar d'Angoulême, qui semble présenté par l'auteur comme un contemporain de saint Didier[3]. Mais le renseignement

---

1. *Vita sancti Maximi*, c. 4 et 5 (*AA. SS. Boll.*, jan., t. I, p. 91). Les mentions du sanctoral et du bréviaire de Cahors, rapportées par La Croix (*Series episc. Cadurcensium*, p. 29 et 30) ne sont qu'un abrégé de la *Vita*. Il n'y a donc pas lieu de les citer. D'autre part, Didier ne souscrit à aucun concile. La Croix (p. 29) cite sa souscription à la suite d'un acte de Clovis II, de 662, mais cet acte (K. Pertz, *Diplomata*, n° 19) est en réalité de 634 environ et souscrit par un « Desideratus » sans titre épiscopal.
2. *Crit. à Baronius*, an. 634, n. XII.
3. Cf. supra, p. VI.

relatif à cet Éparchius, que la *Vita* fait manifestement vivre au temps de Dagobert et de ses fils ne paraît pas assez sûr pour qu'il soit possible d'en tirer argument. Didier, qui était le dernier des trois fils de Salvius d'Albi [1], après avoir étudié l'éloquence et le droit [2], débuta jeune, « adolescens » à la cour sous le règne de Clotaire II (613-630) [3], parmi les *nutriti* de ce prince. Ces *nutriti* pouvaient être de tout jeunes gens, presque des enfants, à en juger par une lettre adressée un peu plus tard à Didier lui-même [4]. Celui-ci était d'âge cependant à être investi, sans doute avant 618 [5], des fonctions de trésorier royal. Comme, d'autre part, il mourut en 655 sans que son biographe indique qu'il fût arrivé à un âge très avancé, il semble que l'on pourrait, par conjecture, placer la date de sa naissance aux environs de l'année 590.

Durant son séjour à la cour, il se lia avec quelques-uns des jeunes gens élevés auprès du roi et parmi lesquels celui-ci recrutait ses principaux fonctionnaires laïques et ecclésiastiques [6]. Au nombre de ses amis figuraient quatre futurs évêques, qui furent plus tard saint Ouen, saint Éloi, saint Arnoul et saint Paul de Verdun [7]. Vers 618, son père Salvius mourait [8]. Cette même année, l'aîné des deux frères de Didier, Siagrius, devenait comte d'Albi, et le second, Rustique, archidiacre de Cahors [9]. Rustique quitta ces fonc-

---

1. *Vita*, c. 1.
2. *Ibid.*
3. D'après le début du ch. 2, il semble bien que Didier ne soit venu à la cour qu'après le moment où Clotaire II fut devenu seul roi.
4. *Ep.*, II, 1.
5. D'après la *Vita*, il semble avoir été déjà *thesaurarius* lors de la mort de son père, en 618.
6. Sur ces *nutriti* du palais mérovingien au viie siècle, cf. Vacandard, *Saint Ouen avant son épiscopat*, dans la *Revue des Quest. hist.*, 1898, p. 1, et ss.
7. *Vita*, c. 3.
8. *Ibid.*
9. *Ibid.*

tions trois ou quatre ans plus tard pour devenir, en 622 ou 623 [1], évêque de la même ville. Il mourut assassiné au commencement de la viii° année du règne de Dagobert, c'est-à-dire en 630. Son frère Siagrius était mort cette même année [2]. Ce fut Didier que Dagobert choisit pour succéder à Rustique, et l'auteur de la *Vita* nous a conservé les deux actes émanés du roi, pour l'installation, sur le siège épiscopal de Cahors, de l'ancien trésorier du Palais, qui, à cette époque, exerçait à Marseille les fonctions de *praefectus* [3].

Ces deux textes sont, dans l'ordre où les donne la *Vita* :

1° Un précepte de Dagobert Ier, enjoignant de consacrer Didier comme évêque de Cahors [4].

2° Un *indiculus* du même roi, adressé à Sulpice, métropolitain de Bourges, pour l'inviter à procéder avec ses suffragants, à la prochaine fête de Pâques, à l'intronisation de l'évêque [5].

Ces deux documents ont déjà été utilisés par Mabillon [6] et par le P. Pagi [7] pour la détermination des dates du règne de Dagobert. Ils ont été en dernier lieu étudiés par M. Bruno Krusch, dans son mémoire sur la chronologie des rois mérovingiens [8], et nous n'avons pas à reprendre ici la discussion de l'érudit allemand. Il a démontré que l'in-

---

1. Il mourut « finiente anno septimo regni Dagoberti et incipiente octavo » (sur cette date, cf. infra) et « septimo aut eo amplius anno pontificatus sui administrato », c'est-à-dire après sept ou huit ans d'épiscopat, et non après sept ans, dans la huitième année, comme le portent les mss B et C. Or Rustique étant mort au commencement de 630, il faut placer le commencement de son épiscopat en 622 ou 623.
2. *Vita*, c. 5.
3. *Vita*, c. 4. — Grégoire de Tours (*Hist. Fr.*, VIII, 43) parle d'un « recteur de la Provence marseillaise ». Il faut peut-être rapprocher les deux expressions.
4. *Vita*, c. 7.
5. *Vita*, c. 8.
6. *Vetera Analecta*, éd. in-f°, p. 520-522.
7. *Crit. à Baronius*, an. 629, n. ix-xi, et 631, n. xi.
8. *Forschungen zur deutschen Geschichte*, t. XXII, p. 469-470.

diculus était certainement antérieur au précepte et que celui-ci devait être daté du 8 mars 630, jour de Pâques, c'est-à-dire du jour où devait être tenue l'assemblée d'évêques réunie en vertu de l'*indiculus*, assemblée à laquelle lecture du précepte royal devait vraisemblablement être faite. C'est donc à cette date du 8 mars 630 que doit se placer le début de l'épiscopat de Didier.

La plus grande partie du texte de la *Vita* relative aux années durant lesquelles Didier occupa le siège de Cahors, est malheureusement consacrée au tableau des vertus du saint. Cependant d'assez nombreux passages concernent l'administration de l'évêque, principalement ses constructions [1] et les donations faites par lui à son église cathédrale [2], au monastère par lui fondé [3], ainsi qu'aux autres établissements religieux de son diocèse [4]. Mais il n'y a aucun fait à prendre dans cette partie de la Vie, soit pour l'histoire proprement dite, soit pour la chronologie.

Saint Didier mourut un 15 novembre, la 26e année de son épiscopat selon le ms. de Moissac, la 23e selon les deux autres, mais les trois textes sont d'accord pour rapporter cet événement à la dix-septième année du roi Sigebert III [5]. Celle-ci, comptée à partir du premier avènement du roi en Austrasie, correspondrait à 650 ou 651, ce qui ne concorde ni avec la vingt-sixième (655-6), ni avec la vingt-troisième année (652-3) de l'épiscopat de Didier. Il faut donc admettre, avec M. Krusch [6], que les années du règne de Sigebert III sont ici comptées à partir de la mort de Dago-

---

1. *Vita*, c. 9, 11.
2. *Vita*, c. 16, 17, 18.
3. *Vita*, c. 16.
4. *Vita*, c. 17.
5. *Vita*, c. 19.
6. *Op. cit.*, p. 172.

bert, le 19 janvier 639. En ce cas, tout concorde pour la date du 15 novembre 655 [1].

§ 3. — LES MANUSCRITS ET LES ÉDITIONS

Le texte de la *Vita sancti Desiderii* a été conservé par trois manuscrits au moins ; l'un d'eux est aujourd'hui perdu, mais est connu par des copies modernes et par l'édition de Labbe ; les deux autres, de valeur très inégale, sont conservés, l'un à la Bibliothèque nationale de Paris, l'autre à la Bibliothèque royale de Copenhague.

Nous les désignons par les lettres A, B et C.

A. *Manuscrit de Moissac* (ms. de Paris). — Paris, Bibl. nat., ms. lat. 17002. C'est un ms. du xe siècle, de très grand format, de 272 f[os] de parchemin, à deux colonnes, avec titres en rouge et initiales ornées. Il contient, pour la plupart rangées dans l'ordre du calendrier depuis le XV des kalendes d'août (18 juillet), 121 vies de saints [2] dont beaucoup appartiennent à la partie méridionale de la Gaule [3]. Ce manuscrit était jadis conservé dans l'abbaye de Moissac [4], d'où le nom sous lequel il est en général désigné dans les travaux dont la Vie a été l'objet. Au mois d'août 1656, ainsi que l'indique une note placée en tête du volume [5], il

---

1. Les douze miracles dont le récit suit le texte de la Vie ne contiennent aucun renseignement historique, sinon le nom d'un évêque de Rodez (Aredius), inconnu d'ailleurs (*Mir.* V). Ils sont surtout intéressants pour faire connaître la manière dont les pèlerins ou les malades s'adressaient au saint afin d'en obtenir leur guérison.

2. L'indication de ces diverses Vies a été donnée par M. L. Delisle (*Catal. des mss. du fonds Notre-Dame*, etc., dans la *Bibl. de l'Éc. des Chartes*, t. XXXI, p. 478) et plus détaillée encore dans le *Catal. codd. hag. latin. Bibl. Nat.*, t. III, p. 364. Nous jugeons inutile de la reproduire ici.

3. Saint Apollinaire, saint Caprais et sainte Foy, saint Dalmace de Rodez, saint Sernin de Toulouse, sainte Sigolène, saint Théodard de Narbonne, etc.

4. Cette provenance est d'ailleurs indiquée dans une note au f° 221 v°.

5. Cl. Joly avait ainsi l'habitude de mentionner sur la plupart de ses

fut, grâce aux bons soins d'Antoine Dadin de Hauteserre, professeur de droit à Toulouse, donné à Claude Joly, chanoine de Notre-Dame de Paris [1]. Ce dernier ayant fait hommage, le 19 juillet 1680 [2], au chapitre de Notre-Dame, de sa riche bibliothèque, le volume qui nous occupe entra, le 24 avril 1756, avec les autres manuscrits du même établissement, à la Bibliothèque royale [3].

B. *Manuscrit* (perdu) *de Vyon d'Hérouval.* — Les frères de Sainte-Marthe ont publié *in extenso* la Vie de saint Didier parmi les notices consacrées par eux aux évêques de Cahors dans la première édition de la *Gallia Christiana*, en 1656 [4]. Ils l'avaient empruntée à un manuscrit que leur communiqua Vyon d'Hérouval. Labbe, qui a publié en 1657 au tome I de sa *Nova bibliotheca manuscriptorum librorum* [5], le texte qui nous occupe, déclare également le donner « ex ms. exemplari V. C. Antonii de Vyon Domini d'Hérouval ». Pas plus d'ailleurs que les deux Bénédictins, il n'a cru devoir fournir d'explications sur la nature ou l'âge de ce ms., qui paraît aujourd'hui perdu. Mais il est représenté : 1° par ces deux éditions; 2° par trois copies du XVIIe siècle, provenant des Bénédictins, et aujourd'hui réunies dans le ms. lat. 11762 de la Bibliothèque nationale.

---

volumes la date et les conditions de l'acquisition (Franklin, *Les anciennes bibliothèques de Paris*, t. I, p. 33). Sur ce ms. et son passage entre les mains de Cl. Joly, cf. aussi Labbe, *Nova Bibliotheca Mss.*, t. II, en tête de l'appendice non paginé; Mabillon, *Vetera Analecta*, éd. in-f°, p. 520; L. Delisle, *Le Cabinet des manuscrits*, t. I, p. 431.

1. Chanoine en 1631, mort le 15 janvier 1700. Sur ce personnage, cf. Franklin, *Les anciennes bibliothèques de Paris*, t. I, p. 32-34.
2. Franklin, *op. cit.*, p. 33, et L. Delisle, *Le Cabinet des manuscrits*, t. I, p. 431.
3. L. Delisle, *op. cit.*, p. 246.
4. *Gallia Christ.* 1re éd., t. II, f° 460 r°-468 v°.
5. Paris, 1657, in-f°, t. I, p. 699-710.

Nous désignons par les lettres B_1 [1], B_2 [2], B_3 [3] ces copies faites certainement d'après le même ms. que l'édition de Labbe. Elles présentent identiquement les mêmes lacunes que celle-ci, et c'est à peine si elles nous ont fourni quelques variantes utiles pour retrouver la leçon vraisemblable du ms. B perdu.

C. *Manuscrit de Saint-Géry* (ms. de Copenhague). — Parchemin, grand format, à deux colonnes, comprenant 31 feuillets, avec rubrique à chaque chapitre et initiales ornées rouges et bleues. Ce ms., qui date de la fin du xiv° siècle ou du commencement du xv°, est d'une grosse écriture peu élégante, que l'on pourrait au premier abord croire du xiii° siècle [4]. Le texte, assez peu correct, se rapproche de celui du ms. B, mais sans présenter les mêmes lacunes. Le volume appartint jadis à l'église abbatiale de Saint-Géry de Cahors, comme l'atteste une note placée au dernier feuillet [5], et quelques mentions marginales, d'une main du xv° siècle, semblent indiquer qu'il y fut employé dans la liturgie [6]. Après avoir peut-être passé par l'abbaye de Moissac [7], mais sans qu'aucune note permette de l'affirmer, il

---

1. Ms. lat. 11,762, f°* 201-223. Ce premier texte est d'ailleurs composé de fragments de deux copies faites par des mains différentes, rapprochés pour constituer une copie complète, laquelle présente d'ailleurs plusieurs lacunes.

2. *Ibid.*, f°* 224-233.

3. *Ibid.*, f°* 234-245.

4. C'est l'erreur qu'a commise M. G. Waitz, en signalant ce ms. dans l'*Archiv* de Pertz, t. VII, p. 162.

5. « Iste liber est ecclesie beati Desider... »

« Finito libro sit laus et gloria Christo » (xiv°-xv° s.). Au même folio, d'une écriture de la même époque, se trouve la première strophe d'un hymne aux Onze mille vierges, celui qui porte dans le *Repertorium hymnologicum* de M. Chevalier le n° 2455.

6. On rencontre, en effet, deux ou trois indications telles que celles-ci, relatives au ch. 4 de la *Vita* : « Lectio quarta », et « feria II° », indépendamment de mentions destinées à attirer l'attention sur divers passages ou à les expliquer.

7. L. Delisle, *Le Cabinet des manuscrits*, t. I, p. 518, n. 7.

une copie de la vie [1]. Lecointe [2] donne quelques variantes qu'il paraît emprunter au ms. de Moissac. Labbe, par l'intermédiaire de Joly, eut également connaissance de celui-ci, postérieurement à la publication faite par lui, et en reproduisit au t. II de la *Bibliotheca nova* les principales variantes [3]. Mabillon eut, également par Joly, communication du même ms. et en utilisa les indications chronologiques dans le petit opuscule consacré par lui à la discussion des dates de l'épiscopat de saint Didier [4]. Selon Lacoste [5], l'original de la vie passait pour être conservé au monastère de Saint-Géry de Cahors. Nous supposerions assez volontiers qu'il s'agissait là de notre ms. C, lequel, ainsi que nous l'avons dit, provient de cette abbaye. Lacoste [6] lui-même donne quelques variantes relatives aux noms de lieux, qu'il emprunte peut-être aux ouvrages inédits de l'abbé de Fouilhac [7], mais qui, en tous cas, ne paraissent se rattacher à aucun des trois mss. que nous connaissons [8].

De ces trois mss., le meilleur est incontestablement le plus ancien, le lat. 17.002. Il suffirait presque de le reproduire pour avoir de la *Vita* un texte correct. Il y a cepen-

---

1. Cabié, *Rapports de saint Didier... avec l'Albigeois*, dans les *Ann. du Midi*, t. VI, 1894, p. 403, n. 1.
2. *Annales ecclesiastici regni Francorum*, t. III, p. 228.
3. Cf. Cabié, op. cit., p. 412 et 419.
4. *Vetera Analecta*, t. III, p. 528.
5. *Histoire générale de Quercy*, pub. par Combarieu et Cangardel, t. I (Cahors, 1883, in-8°), p. 245.
6. *Ibid*, p. 231.
7. Cabié, op. cit., p. 403.
8. Le ms. de Lacoste présentait au début de la troisième lettre d'Herchenfreda à saint Didier (*Hist. de Quercy*, t. I, p. 213) la même lacune de quelques mots que nos mss. B et C. Au contraire, il date le précepte de Dagobert (*ibid*., p. 214) du 6 des Ides d'avril comme le ms. A.

Ajoutons que les miracles VIII et IX de la *Vita*, qui manquaient au Ms. B et par suite à l'édition de Labbe, ont été publiés d'après A dans le *Catal. codd. hagg. lat. Bibl. nat. Paris.* des Bollandistes, t. III, p. 377.

fit partie de la bibliothèque de Foucault [1], dont il porte encore aujourd'hui l'*ex-libris*. Recueilli par Ludewig lors de la dispersion de la bibliothèque du célèbre intendant [2], il devint ensuite la propriété du baron de Thott [3], et entra enfin, comme les autres volumes de ce dernier, à la Bibliothèque royale de Copenhague. C'est là qu'il est aujourd'hui conservé sous le n° 136 de la collection Thott [4].

Ainsi que nous l'avons dit, c'est d'après notre ms. B. qu'ont été faites l'édition de la *Gallia* et celle de Labbe. Cette dernière est à peu près la seule que l'on cite aujourd'hui. C'est elle qui a été reproduite dans la *Patrologie latine* de Migne [5], comme dans les extraits de la *Vita* donné par D. Bouquet au t. III du *Recueil des historiens de France* [6]. Cependant divers auteurs citent des mss. de la vie de saint Didier qui semblent distincts de celui-ci, et en rapportent même des variantes en vue d'améliorer le texte fort défectueux de Labbe.

Dès le xiv° siècle, Aimeri de Peyrat a connu et employé pour son *Chronicon Moissiacense* la *Vita Desiderii*, mais son ms. est trop incorrect pour que les quelques fragments rapportés par lui [7] puissent être utilisés pour l'établissement du texte. A l'époque moderne, dans la première moitié du xvii° siècle, Dominici déclare avoir entre les mains

---

1. Cf. L. Delisle, *l. cit.* C'est sans doute Foucault qui fit relier le volume.
2. Il est ainsi désigné dans le *Catalogus praestantissimi thesauri librorum...Joh. Petri Ludewig* (Halae Magd. 1745, in-8°), t. I, p. 102, n° 525 : « Vita sancti Desiderii Cadurcensis episcopi, 60 paginae ».
3. *Catalogus bibliothecae Thottianae* (Havniae, 1795, in-8°), t. VII, p. 287, n° 136 : « Vita sancti Desiderii... Cod. membran. olim Bibliothecae Ludewiglanae... »
4. Nous avons pu examiner ce ms. à Paris, et nous adressons de ce chef nos remerciements aux administrateurs des Bibliothèques nationale de Paris et royale de Copenhague.
5. T. LXXXVII, col. 219-246.
6. *H. Fr.*, t. III, p. 527-532.
7. Bibl. nat., ms. lat. 4101 A, f° 124 r°.

dant quelques irrégularités, ainsi l'ablatif n'est pas toujours nettement distingué de l'accusatif, l'*h* est employé assez arbitrairement, certaines phrases restent un peu obscures. Nous avons, pour l'établissement de notre texte, reproduit la leçon de A, en indiquant les variantes de B et de C, à l'exception bien entendu de variantes purement orthographiques ou dues à l'étourderie des scribes. Nous avons, d'autre part, cru pouvoir corriger, dans le texte de A, certaines fautes évidemment dues au copiste. Enfin, nous avons adopté la graphie uniforme *ae* pour des cas où le ms. emploie indifféremment *ae*, *ę* ou *e* simple. Nous ne nous sommes pas astreints à reproduire toutes les variantes fournies par chacun des mss. B_1, B_2, B_3 ou par l'édition de Labbe, que nous désignons par *b*, mais seulement celles que nous considérons comme devant s'être trouvées dans le ms. de Vyon d'Hérouval, s— ce commune de B_1, B_2, B_3 et *b*, c'est-à-dire celles que do... , ou la totalité des mss. de ce groupe ou du moins la majorité d'entre eux [1]. Il est d'ailleurs bien difficile de donner un classement des mss. de notre texte. Ni B ni C ne paraissent devoir être considérés comme des copies directes de A. B et C se rapprochent d'autre part l'un de l'autre, mais C présente moins de lacunes que B. Ce ne peut donc guère en être une copie, à moins de supposer que le ms. B ait été, après le xiv° ou xv° siècle, date à laquelle fut

---

1. En ce qui concerne la division en chapitres, elle est la même dans B et C, à part le dédoublement, dans ce dernier, des ch. IX et XI, qui donne pour C dans la suite des numéros toujours plus élevés de deux unités que ceux correspondants de B. Nous n'avons pas cru devoir l'indiquer. Quant à A, il donne une division assez irrégulière en chapitres non numérotés. Nous indiquons par des chiffres romains cette division de A, mais nous maintenons, en chiffres arabes entre crochets, la division traditionnelle, celle de B, et c'est d'après elle que nous faisons nos renvois. Nous avons de même conservé la numérotation des miracles d'après B. Ces derniers dans A ne sont point numérotés.

copié le ms. C, et avant 1648, date de la copie B, abîmé et mutilé. Il faut donc admettre, ou que B représente une très mauvaise copie de C, ou plutôt que B et C dérivent, par des intermédiaires qu'il nous est impossible de déterminer d'un original commun perdu.

LA
VIE DE SAINT DIDIER

ÉVÊQUE DE CAHORS

(630-655)

INCIPIT VITA BEATI DESIDERII
EPISCOPI CATURCENSIS

CUJUS CELEBRATIO EST XVII KL. DCB *a*.

I [1]. Igitur Desiderius, Caturcensis *b* urbis episcopus, Obrege[1] Galliarum oppido horiundus fuit. Haec itaque civitas, in extremis pene Galliarum finibus sita *c*, regionibus primae *d* Aquitaniarum extrema, habet *e* a meridie provintiam Narbonensem. In hac ergo parentibus honestissimis et apud gallicanas familias prae caeteris gratia generositatis *f* ornatus *g* Desiderius exortus est. Pater ejus cristianissimus vocabulo Salvius *h*, mater vero idemque *i* honesta et religiosa Haerchenfreda *j* dicta est; fratres autem ejus Rusticus

---

a. INCIPIT... KL. DCB. *deest* B. Incipit vita sancti Desiderii caturcensis episcopi C. — *b*. Cadurcensis B. — *c*. sita est *1ª manu* A. — *d*. quippe B, pene C. — *e*. habens B C. — *f*. caeteris generositate B C. — *g*. ornatis B. — *h*. Servius B₂. — *i*. ejusdem B, ejusdemque C. — *j*. Harchenefreda B.

---

1. On considère en général ce nom d'*Obrege* comme équivalant à celui d'*Albiga*. Seul Lacoste (*Histoire générale de Quercy*, t. I, p. 211) a voulu en faire une localité distincte. M. Cabié, au contraire (*Rapports de saint Didier avec l'Albigeois*, dans les *Ann. du Midi*, t. VI, 1894, p. 412), estime qu'il y a lieu de s'en tenir à l'opinion traditionnelle. Nous avons, à la fin de notre travail, consacré une note spéciale à l'exposé d'une autre hypothèse.

et Siagrius cum duabus sororibus aderant, quarum una Silvia [k], altera vero dicebatur Avita. E quibus Rusticus, a primis pubertatis annis clericus factus, archidiaconatus est adeptus [l] officium in urbe Rutena, et abbatiae regalis basilicae [m] sub [C]lotario [n] [1] rege administravit. Ad ultimum vero pontificatus dignitatem in Caturcena [o] urbe emeruit. Siagrius autem, post diutina palatii Francorum ministeria et [p] familiaria Clotharii [q] regis contubernia, comitatus dignitatem apud Albigensem [r] jessit, necnon et apud Massiliam judiciariam potestatem diu exercuit. Desiderius vero summa parentum cura enutritus, litterarum studiis ad plenum eruditus est, quarum [s] diligentia [t] hauctus [u] est [v]. Ubi [w] post insignia litterarum [x] studia Gallicanamque [y] eloquentiam quae vel florentissima sunt vel eximia, contubernii regalis adulcisce [z] indidit dignitatibus, ac deinde legum romanarum indagationi studium dedit, ut ubertatem eloquii gallici [a] nitoremque sermonis gravitas romana [b] temperaret.

[2]. Eo autem tempore, Teudeberto [2] rege jam interempto, Teuderico [3] aeque defuncto, Brunihilde quoque equorum pedibus inretita atque male discerpta [4] [c], Clotharius [d] [5], pater incliti Dagoberti [6], monarchiam solus tenebat. A quo hi [e] tres germani, id est Rusticus, Siagrius et Desiderius, floren-

---

k. Selina BC. — l. est adeptus *deest* BC. — m. regalis basilicae *deest* BC. — n. Lothario B, Lotario C. — o. Caturcina BC. — p. et *deest* C. — q. Lotharii BC. — r. Albigo BC. — s. quorum B. — t. diligentiam C. — u. nactus BC. — v. et B, B₃, ut B₂. — w. Ubi *deest* BC. — x. litterarum insignia BC. — y. Gallicarum B, Gallianam C. — z. sic A, adulcisso B₁ B₂ B₃, adulcisse C, adductis inde b. *Il faut peut-être corriger en* adulescentiae. — a. gallicani B, galliam C. — b. gravitas sermonis Rom. B. — c. Teudebertum... regem... interemptum... Teudericum... Brunechildem... inretitam... discerptam audivit. Lotharius BC. — d. Lotharius B. — e. hi *deest* BC.

---

1. Clotaire II, roi de Soissons entre le 1ᵉʳ septembre et le 18 octobre 584, seul roi en 613, mort entre octobre 629 et avril 630.
2. Théodebert II, roi d'Austrasie en 597, mort en 612.
3. Thierry II, roi d'Orléans et de Bourgogne entre mars et juillet 596, roi d'Austrasie en 612, mort en 613 après mars.
4. En 613; cf. Richter, *Annalen des fraenkischen Reichs im Zeitalter der Merowinger*, p. 105.
5. Cf. p. 1, n. 1.
6. Créé roi d'Austrasie par son père entre le 20 janvier et le 7 avril 623.

tissime enutriti, summis dignitatibus praediti sunt. Rusticus, ut praefati sumus, abbatiam palatini oratorii, quod regalis frequentat *f* ambitio, et archidiaconatus officium jessit. Siagrius autem Massiliae gubernacula et Albiensium comitatum annis plurimis a[d]ministravit. Desiderius vero, junior *g* tempore sed non inferior dignitate, sub indoles *h* adhuc annos tesaurarius regis effectus valde strenue se accinxit. Denique quantum regi propius, tantum familiarius inhaerebat, et inter coaevos et proceres laudabiliter nimis adholescentiam suam gerebat, quantumque aetate crescebat, tantum se in Dei *i* timore et regis fidelitate roborabat. Cujus utilitatis, subtilitatis, affabilitatis argutiaeque sagaciam si per singula voluero exponere, deficiet me tempus narrante *j*. Tantae *k* enim humilitatis et scientiae gratia ornabatur ut multos superaret affines, pluresque praeiret coaetaneos; et licet ad plenum litteris fuerit eruditus, insignem tamen ac robustissimum naturalem habuit magistrum, propriam consciencIam. In aula quidem ac sub frequentissima palatii opulentia dejebat, sed cautelam monachi propositumque non amittebat; lasciviam sane voluptatesque saeculi sic *l* aevitabat ut mirum in modum semper sperneret quod semel contempserat. Delectabat namque eum jugis labor, nequaquam considerans quid alii malefacerent, sed quid boni ipse facere deberet. Semper enim saecularium consortia studiose fugiens, monachorum ac religiosorum delectabatur alloquio *m*, pravorum contubernia declinans, humilium jungebatur catervis. Idem *n* in Deo semper *o* manens per bonam et malam famam, Christi tirunculus inoffense gradiebatur *p*, nec laude cujusque *q* extollebatur nec vituperatione frangebatur. Habebat enim temperamentum in prosperis, patientiam in adversis; gerebat *r* simplicitatem columbae ne cuiquam machinaretur dolos, habebat et serpentis astuciam ne aliorum subplantaretur insidiis. Magnum prorsus habens ingenium et facile loque-

f. frequentatur B. — *g.* minor BC. — *h.* adolescentiae B. — *i.* Dei *deest* B C. — *j.* narrantem B. — *k.* tanta B C. — *l.* sic *deest* BC. — *m.* eloquiis BC. — *n.* Item B. — *o.* semper *deest* BC. — *p.* Christi... gradiebatur *deest* BC — *q.* cujusquam BC. — *r.* tenebat BC.

batur et pure, facilitasque ipsa et puritas mixta prudentiae erat. Cum vero quempiam servorum Dei contionantem audiret, nunquam [satie]bat[ur] audiendi cupidine, sed, ut scriptum est, *addens scientiam addebat et dolorem* [1], et, quasi oleum flamme adiceres [s], majoris ardoris fomenta capiebat. Dicebat enim : « Habeant sæculi ministri [t] sua inpedimenta, *mihi autem adhaerere Deo bonum est, ponere in [u] Domino [v] Deo spem meam* [2] ». Talia rudimenta Desiderius iniciabat [w], hujusmodi exercicia [x] inter pomppas palatii [y] Christi tirunculus gerebat. Magnae virtutis qui talia habuit rudimenta, qualis exercitatus miles erit? Quid putas [z] matura [a] aetas capiet bona, quando pubertas, in [b] qua illud hominum genus proclive in viciis tra[h]itur, tam magnis virtutibus enutritur, civis [c] Christi jam miliciam [d] bajulare adspirabat.

[3]. Dum his igitur [e] exercitiis polleret, nuncius eum perculit [f] patrem ejus Salvium ab hac luce migrasse et, licet esset mente fortissimus, ob hanc tamen causam [g] veaementer se afflixit, nec minus de piissimae genitricis destitutione quam de patris abscessu condoluit. Ex regis tamen permissione profectus ad matrem, miris eam modis consolari studuit; postque regre[s]sus ad palatium, offitium sibi commissum strenue, ut caeperat, ac sollerter providit. Sub hisdem [h] ferme diebus, anno transacto tricesimo quarto [C]lotharii [i] regis [3], Rusticus, Desiderii germanus, archidiaconatus [j] in urbe Rutena suscepit. Siagrius quoque germanus ejus hoc idem tempore cometihe [k] honorem [l] indeptus est, sortitusque [m] matrimonium inlustrissimam puellam

---

s. adjiciens B, adiciens C. — *t*. saecularia ministeria B C. — *u*. ponere et in B, et ponere C. — *v*. Deo *deest* B. — *w*. nunciabat B C. — *x*. experientiam B experiencia C. — *y*. saeculi B. — *z*. Quae B C. — *a*. ventura B. — *b*. in *deest* C. — *c*. cuius? A. — *d*. Christianam miliciam B C. — *e*. ergo B. — *f*. pertulit C. — *g*. ab hac tamen causa A, 1ª manu B C. — *h*. ejusdem B, isdem C. — *i*. Lotharii B, Lotarii C. — *j*. archidiaconatus officium in B C. — *k*. comecie B C. — *l*. honorem *deest* B C. — *m*. in matrimonium B C.

---

1. *Eccles.*, I, 18.
2. *Psalm.*, LXXII, 28.
3. La 34ᵉ année du règne de Clotaire II, comptée à partir de son premier avènement, se termine entre le 1ᵉʳ septembre et le 18 octobre 618.

Albigae indigenam, nomine Bertolenam [n], quae devotam demum vitam gessit ac multum erga ecclesias studium impendit. Supervixit [o] quidem virum et omnem prope facultatem ecclesiis delegavit, quod et jugalis [p] ejus antea jam per testamenti sui paginam fecisse manifestatur. Desiderius vero, inter excercitatissima [q] palatii ministeria sedule [r] Deo vacans, die noctuque orationibus insistebat. Habebat enim amicos bonae fidei viros, Paulum [1] scilicet, Arnulfum [s][2], Eligium [t][3], et Audoenum [4], quorum exemplo atque ortatu assidue semetipsum ad meliora subrigens, vitam suam in melius propagabat. Interea rex frodegius [u], pius et mansuetus Clotharius [v], debitum naturae terminum implens ac pacifice obiens [w][5], Dagobertum [x] filium in principatu reliquit, a quo Desiderius tanta familiaritate retentus est ut ampliorem dignitatem [y] quam pridem in[d]eptus fuerat potiretur. Si quidem diligebat eum rex, quia noverat eum strenuum virum et sibi [z] fidelem et in Dei timore jam esse [a] solidatum; ipse autem officia sibi commissa ita praevidebat [b] ut

---

n. Bartolenam B C. — o. Supervixit deest B C. — p. conjugalis 2ᵃ manu, A. — q. exercitatissimi B, excertatissima C. — r. sedulo B. — s. Arnulphum B. — t. Elegigium C. — u. sic A, deest B C. Il faut corriger très vraisemblablement en Francorum clemens, en supposant Francorum, écrit primitivement avec une abréviation. — v. Lotharius B, Lotarius C. — w. abiens B. — x. Dagobertum B. — y. ampliori dignitate B. — z. sibi et C. — a. esse jam B. — b. providebat B.

---

1. Paul, évêque de Verdun. D'abord abbé de Tholey, puis succède à Godo, évêque de Verdun encore mentionné en 627-630 (Maassen, Concilia aevi merovingici, p. 203) et meurt un 8 février vers 648 (Gall. Chr., t. XIII, 1169). Nous possédons trois des lettres échangées entre lui et saint Didier, au temps de leur épiscopat (Ep., I, 11 et II, 11, 12).

2. Saint Arnoul, évêque de Metz, débuta à la cour sous Théodebert II d'Austrasie (597-612), devint évêque en 614 et mourut un 18 juillet, peut-être en 640.

3. Saint Éloi, évêque de Noyon en 641, mort vers 683. Sur son séjour à la cour avant son épiscopat, cf. sa Vie attribuée à saint Ouen de Rouen, l. I. c. 0 et ss. Une de ses lettres à saint Didier a été conservée (Ep., II, 6) et ce dernier, dans une lettre à saint Ouen (Ep., I, 10), rappelle l'amitié qui les unit tous trois.

4. Saint Ouen, évêque de Rouen en 641, mort le 24 août 684. Il fut référendaire de Neustrie et l'un des « nutriti » de Dagobert I (sur cette période de son existence cf. Vacandard, Saint Ouen avant son épiscopat dans Rev. Quest. hist., 1898, p. 1 et ss.). Il continua, après son avènement à l'épiscopat, à rester en relations avec saint Didier (Ep., I, 10 et II, 6), dans la correspondance duquel une de ses lettres s'est conservée (Ep., II, 4).

5. Entre octobre 629 et avril 630.

et in regem ^c fidelitatem et in Deum ^d gratiam conservaret. Opulentissimos quidem tesauros summamque palatii supellectilem hujus arbitrio rex Dacobertus ^e commisit : ad ejus obtutum data recondebantur, ad ejus nutum danda proferebantur; multi quoque episcoporum, ducum ac domesticorum sub ala tuitionis ejus degebant, multi nobilium sibi eum gratificari ^f gaudebant [1]; regina autem Nanthildis ^g [2] unice ipsum ^h diligebat.

[4]. Rex, ut dictum est, copiosos ei thesauros pluresque aedes multaque aulae nitentia com[m]iserat. Ipse autem non arrogantia extollebatur, non adducta fronte coaevos aut contubernales spernebat, sed omnibus se minimum judicans in amorem sui cunctum palatii ordinem traxerat : erat quippe blandus in eloquio, honestus in aspectu, cautus in verbo, providus in consilio; inter caetera animi exercitia nimis misericors ac benignus erat; constantiam in Deo talem habebat, ut non solum coaetanei, sed etiam majores natu eum revererentur et admirando praeferrent. Ipse autem in omnibus caute satis progrediens futura Dei judicia et districtam ejus discussionem formidabat, semperque mentis oculos ad bona aeterna conferebat. Cum titillatio carnis urgeret, proponebat sibi adversus carnis ardores futuri ^i supplicii ignes, sicque memoria ardoris futuri ^j gehennae ardorem excludebat ^k luxuriae, sciens scriptum : *nihil esse fortius qui vincit diabolum* ^l, *nihil imbecillius qui a carne superatur*. Sciebat enim Domini dictum : *beati mundo corde, quoniam ipsi Deum videbunt* [3]. Scientiam quoque Scripturarum satis

---

c. rege B C. — *d.* Deo B C. — *e.* Dagobertus B. — *f.* gratificare B C. — *g.* Nanchildis C. — *h.* cum B. — *i.* futuros B C. — *j.* futurae B. — *k.* excludebatur C. — *l.* diabolicum C.

---

1. C'est à cette époque de la vie de Didier qu'il faut, semble-t-il, rapporter la lettre que lui adresse un nommé Bertegisile, abbé d'un monastère inconnu, pour lui recommander un messager qu'il a envoyé à la cour, ainsi que des jeunes gens que saint Didier y avait fait venir « ad opera dominica » (*Ep.*, II, 2).

2. Dagobert épousa Nanthilde, après avoir répudié la reine Gomatrude, la VII⁰ année de son règne (Frédégaire, *Chron.*, l. V, c. LVIII), c'est-à-dire en 629.

3. *Math.*, V, 8.

amabat, reminiscens cujusdam sapientis sententiae : *ama scientiam Scripturarum et carnis vitia non amabis*. Noverat et illud, quod per quendam sapientem dicitur : *quis gloriabitur castum se habere cor ? astra non sunt munda in conspectu Dei, quanto magis nos, quorum vita temptatio est* [1]. Summopere enim varia Scripturarum per omnia [m] decerpere studebat, ut futurus Christi [n] sacerdos plene prius disceret [o] quam demum posset docere et rationabilem ostiam offerre. Praecavebat solerter ne aut linguam aut aures haberet prurientes, id est [p] ne aut ipse detraheret aut alios detrahentes libenter audiret, Salomonis dictum saepius revolvens : *cum detractoribus*, inquit [q], *non* [r] *miscearis quoniam repente veniet perditio eorum* [2]. Noverat plane illud dictum : *omnis qui facit peccatum servus est peccati* [3], necnon et illud Apostoli : *omnis qui facit justitiam ex Deo natus est et omnis qui facit peccatum ex diabolo est* [4], et quod non expedit adprehenso aratro respicere post tergum, et [s] quod stadium est hec vita mortalibus; hic [t] contendimus ut alibi coronemur, et quod *non est nobis conluctatio adversus carnem et sanguinem, sed adversus potestates et principatus harum tenebrarum* [5]. Meminerat quoque quod beatus Petrus in epistola sua infert : *sobrii*, inquiens [u], *estote et vigilate quia adversarius vester diabolus tanquam leo rugiens circuit, quaerens quem devoret, cui resistite fortes in fide* [6]. His incitatus stimulis, ad omnem actum, ad omnem incessum Dei flagitabat auxilium, ut tandem post carnis conflictum mereretur pervenire ad bravium et perfrui premio sempiterno nunquam lapsuro per aevum. Itaque honestissimo genitore Salvio, ut dictum est, jam defuncto, fratre

m. precepta B, prata C. — n. Christi deest B C. — o. diceret C. — p. id est deest B, ipso B, B, B₂. — q. inquit deest B. — r. ne B C. — s. et deest B. — t. mortalibus futura enim hic B C. — u. inquiens deest B.

1. Cf. *Job*, XV, 15 « et coeli non sunt mundi in conspectu ejus ».
2. *Prov.*, XXIV, 21.
3. *Johan.*, VIII, 34.
4. *I Ep. Johan.*, III, 8.
5. *Ephes.*, VI, 12.
6. *I. Petr.*, V, 8.

quoque Siagrio in fascibus constituto, vir beatissimus [v] Rusticus germanus ejus ad [w] episcopatum Cadurcae urbis adipiscitur; discesserat [x] enim ipso in [y] tempore Eusebius [1], praefati municipii antistes, qui successor in episcopatu sanctae memoriae Ursicini [z][2] fuerat. Desiderius autem sedule in palatio serviens ac tesaurarii officium gerens, cotidie vitam suam ad augmentum melioris propositi provehebat. In anno autem VII [3] Dagoberti regis praedictus germanus ejus Siagrius, dum Massiliae administrationem procuraret, Deo jubente vitam finivit, pro quo rex Dagobertus gravi maerore perculsus [a], solertissimum Desiderium loco praefecturae ejus subrogare censuit. Profectus itaque Massiliam, propositam [b] administrationem vigilanter exercuit, atque aulam regressus ministerium sibi injunctum omni cum sollicitudine praevidit [c]. Sed qualem [d] quantumque [e] pia genitrix habuerit luctum, quantum quoque [f] venerabilis Desiderius pro fratre fuerit afflictus, inconveniens nunc [g] est per singula revolvere [h], unde interim his ommissis ad jam caepta prosequendo revertamur [i].

[5]. Subsequenti itaque tempore, et sub hisdem [j] ferme diebus, finiente anno VII regni Dagoberti et incipiente octavo [4], Rusticus episcopus cathedrae Cadurcae praesidens,

---

v. vir beatissimus *deest* BC. — *w.* ad *deest* B. — *x.* decesserat B, descesserat C. — *y.* in *deest* BC. — *z.* Urcisini C. — *a.* percussus BC. — *b.* praepositi B, propositi C. — *c.* providit B. — *d.* qualem *deest* BC. — *e.* que *deest* BC. — *f.* quantumque venerabilis BC. — *g.* nimis B. — *h.* volvere BC. — *i.* suscepta prosequamur BC. — *j.* iisdem B.

---

1. Eusèbe, évêque de Cahors, souscrit en 614 les actes du concile de Paris (Maasson, *Concilia*, p. 191).
2. Ursicinus ou saint Urcisse, d'abord référendaire de la reine Ultrogothe, femme de Childebert Ier, puis évêque de Cahors (Grégoire de Tours, *Hist. Fr.*, V. 42) est mentionné comme ayant eu des démêlés avec l'évêque de Rodez, Théodose (*Ibid.*, VI, 38) et souscrit en 585 au concile de Mâcon (Maassen, *Conc.*, p. 173). Il mourut un 13 décembre, selon l'ancien martyrologe de Cahors (Lacoste, *Hist. de Quercy*, t. I, p. 201).
3. La septième année du règne de Dagobert, comptée à partir de son avènement en Austrasie en 623, s'étend du 20 janvier-7 avril 629 au 19 janvier-6 avril 630.
4. Ces dates nous mettraient au printemps de l'année 630 (cf. la note précédente), postérieurement au 20 janvier, et, d'après la date de consécration de saint Didier, à une époque antérieure au 7 avril. Cependant La Croix

septimo aut eo[k] amplius anno pontificatus sui administrato, a perfidis et scelestis incolis interemptus est ; ob quod conturbatio magna facta est in ecclesia, nec[l] solum in urbe Cadurca, sed etiam[m] in regis aula. Siquidem vehementer ira regis commota terribilia valde promulgavit praecepta, adeo ut alii ob id truncati[n], alii interempti, alii exilio damnati, alii etiam perpetua ob hoc servitute[o] addicti sint[p], sic quoque ut nunquam in sempiternum ad libertatis statum meruerint provenire. Reverentissimus autem Desiderius, licet intolerabiliter sit dolore perculsus[q], ut in morte germani ipse quodammodo[r] videretur mortem subire, alloquio[s] fortissimo tamen, animo et valde accurato, beatam matrem studuit consolari ne amissione filii modum Christiane religionis lugendo excederet, asserens eos qui in Christo dormiunt non esse lugendos, sicut Apostolus monet dicens : *de dormientibus ne contristemini sicut et caeteri qui spem non habent*[1]. Herchenfreda[t] autem pia genitrix tenerrimo valde affectu Desiderium diligebat, quem crebrae orbitates fecerant[u] jam cariorem : siquidem sincerissimi jugalis Salvii amissione necnon et[v] filiorum exorbitatione continuabat[w] luctus. Haec autem crebras ad eum epistolas dirigens pio studio filium cohortabatur[x] ut coepta perficeret, *ut omni custodia cor suum corpusque servaret*[2],

k. autem et eo BC. — *l.* non B. — *m.* eticlam C. — *n.* alii obtruncati BC. — *o.* perpetuae... servituti b. — *p.* sunt BC. — *q.* percussus BC. — *r.* qui ammodo C. — *s.* alloquio deest BC. — *t.* Harchenefreda B, Herchenefreda C. — *u.* sibi fecerant B, ei fecerant C, sanctissimi BC. — *v.* necnon et exorbitatione deest BC. — *w.* continuabatur BC. — *x.* cohortatur BC.

(Series ep. Cad., p. 26) indique, comme date de la mort de Rustique, le 26 décembre, d'après un ancien martyrologe. Il faut donc admettre une erreur soit du martyrologe soit de La Croix, ou bien supposer que l'auteur de la *Vita* ne connaissait exactement que la date de l'avènement de Didier, et qu'il en a rapproché par conjecture celle de la mort de son prédécesseur, alors qu'en réalité plusieurs mois pouvaient s'être écoulés entre les deux événements. Du reste la date de la mort de Rustique n'était pas rapportée à une date bien fixe, car, bien qu'on plaçât en général sa mort au 26 décembre, l'église de Cahors célébrait cependant sa fête le 18 août (Lacoste, *Hist. de Quercy*, t. I, p. 122, n. 4).

1. *I. Thessal.*, IV, 12.
2. *Prov.*, IV, 23.

et *ʸ* praecepta Dei toto adnisu custodire contenderet. Quarum exemplar apud nos habito testamento memoriae gratia pagellae hujus*ᶻ* inserendum credidi, ut ex his advertatur qualis fuerit mater, qualemque*ᵃ* propositum tenere filium vellet. Quarum textus ita se habet :

[6]. « Dulcissimo atque amantissimo filio Desiderio Herchenfreda*ᵇ*. Inmensas omnipotenti Deo ago*ᶜ* gratias, qui dignatus est tribuere locum ut litteras meas ad dulcedinem tuam dirigere deberem, per quas te*ᵈ* tantum saluto quantum viscerum meorum exigit plenitudo, et rogo Domini misericordiam ut me*ᵉ* de vita et bona conversatione vestra*ᶠ* affluenter*ᵍ* jubeat laetificari. Te vero, dulcissimum mihi pignus, moneo ut assidue Deum*ʰ* cogites, Deum jugiter in mente habeas, mala opera quae Deus hodit nec consentias, nec facias; regi sis fidelis, contubernales diligas, Deum*ⁱ* semper ames et timeas; ab omni opere per quod Deus offenditur sollicite te custodi, ut nos ad melius pro tuo bono exemplo provoces quam pro tua mala vita et instabilitate*ʲ* mentis ad ignominiam nos deroges, et ut nullam occasionem vicini vel pares habeant per quam detrahere possint*ᵏ*, sed magis bonam conversationem tuam videntes glorificent Deum*ˡ*. Recordare, fili, semper*ᵐ* quid Deo pro te*ⁿ* spopondi et ideo cum timore semper progredere. De caetero tantum te, dulcis fili, salutare praesumo quantum cordis mei continet plenitudo ».

Item alia*ᵒ*. — « Dulcissimo et*ᵖ* desiderantissimo filio Desiderio Herchenfreda*ᵠ*. Omnipotenti Deo inmensas*ʳ* ago gratias quod se locus opportunitatis dedit, ut parvitatis meae apices dominationi vestrae dirigere possim. Cognoscite nos*ˢ* quod in Dei nomine vos*ᵗ* prospere agere optamus, et sic

---

y. et deest B C. — *z*. gratae C, gratae hujus pagellae B. — *a*. qualeque B C. — *b*. Archenefreda B, B₁ B₂, Harchenefreda *b*, Aerchenefreda C. — *c*. egi B C. — *d*. te deest B C. — *e*. mihi B C. — *f*. tua B C. — *g*. affluenta C. — *h*. Dominum B. — *i*. Dominum B. — *j*. custodi ne alios in malis provoces pro tua malae vitae instabilitate, quare nullam B, même texte dans C, avec mala vitae stabilitate. — *k*. detrahere tibi possint B C. — *l*. Dominum B. — *m*. semper fili B. — *n*. pro vobis B C. — *o*. Item alia deest B C. — *p*. ac B. — *q*. Harchenefreda B, Aerchenefreda C. — *r*. Deo et inmensas C. — *s*. nos deest B, quod nos C. — *t*. vos in Dei nomine B C.

oportet" pro vobis assidue orare. Proinde salutem vestram profusissime desiderans, supplici animo deposco ut vestra opera*v* nostras*w* orationes juvent, et quantum potestis semper pro*x* animae profectu*y* elaborate, caritatem circa omnes tenete, castitatem supra omnia custodite, cautelam in sermone et*z* in omni opere habete, et si forte aliquid mali actum est, cito emendate. Epistolam vero istam, cum ea quam*a* ante tempus vobis direxi, saepius legite, et animo commendate*b*, ac tota mentis ambitione tenete, ut promissio mea de vobis apud Deum*c* per te*d*, dulcis fili Desideri, impleatur. Quod praestet omnipotens Deus qui est super omnia benedictus. De condicione*e* vero patris*f* nostri magni abbatis, unde antea tam ipse quam nos vos rogavimus, sic pro hoc insistite*g*, ut sanctorum ubi*h* servit*i* intercessio maximam vobis mercedem apud Deum acquirat et in aeternam vobis retributionem ipsa merces occurrat. De speciebus vero quae vobis in palatio sunt necessariae, nobis per epistolam vestram significate et continuo in Dei nomine dirigemus; de prosperitate etiam vestra nos celerrime testificari*j* jubete et valete in Domino. MANU PROPRIA : Incolumes vos Dominus custodire et haeredes*k* regni sui preparare dignetur*l* ».

ITEM ALIA QUAM POST INTEREMPTIONEM FILII DIREXIT*l*. — « Semper desiderabili et dulcissimo filio Desiderio Herchenfreda*m* misera mater. Jam credo tibi nunciatum esse qualiter dulcissimus germanus tuus domnus*n* Rusticus episcopus a perfidis Ecclesiae incolis interfectus sit. Propterea, dulcissime

u. agere cupimus sicut oportet B C. — *v*. proinde profusissimam salutem persolvens supplico animo ut nostra opera B C. — *w*. nostrae C. — *x*. pro om. B. — *y*. profectu A, profectui C, animae profectum B. — *z*. et deest B. — *a*. istam deest B C, cum ea 2a manu. A. — *b*. tenete BC. — *c*. Dominum B. — *d*. vos BC. — *e*. condicionis A. — *f*. fratris B, qui est peut-être la vraie leçon; on peut aussi penser que le nom de pater est donné à Rustique en raison de sa qualité d'abbé. — *g*. sic perinsistite ut B, sic proinsistite hac ut C. — *h*. ubi deest B. — *i*. fuerit B, fuit C. — *j*. certificari B C. — *k*. heredem A. — *l*. ITEM... DIREXIT deest B C. — *m*. Herchenefreda B, Aerchenefreda C. — *n*. dominus B C.

1. Une formule analogue se retrouve à la fin de diverses lettres de saint Didier (*Ep.* 1, 2, 6, 13). Dans la première de ces lettres elle est également précédée de la mention *manu propria*.

fili, dum et pater tuus jam discessit°, et Siagrius frater tuus hinc migravit, tu viriliter istam causam prosequere*p*, fatias ut grande exemplum futuris*q* pro*r* hoc fiat. Ego infelix mater quid agam, cum fratres tui jam non sunt*s*? Si tu discesseris*t*, ego orbata absque liberis ero. Sed tu, piissimum pignus, mihi dulcissimum*u*, sic te diligenter praecave, ut dum solatia fratrum perdidisti, te non perdas, ut ne*v*, quod absit, in interitum vadas. Cave semper latam et spatiosam viam, quae ducit ad perditionem, et temetipsum in via Dei custodi. Ego prae nimio dolore vitam meam amittere suspicor. Tu hora ut egredientem animam ille suscipiat, in*w* cujus amore die noctuque suspiro. Ego Doderium*x* ad te direxi, per quem omnia secure mittere vel denunciare poteris erga nos quae circa te aguntur*y*; quem omni*z* velocitate remittere festina. Incolumem te superna*a* gratia tueatur, dulcissime*b* fili ».

[7]. Jam vero, ut dictum est, interempto Rustico, Cadurcae urbis episcopo, consensus regis et civium pari sententia in episcopatum Desiderium*c* adspirant*d*. Nam licet suggestio civium ad praesules et principes jam praecesserit, rex tamen pro hoc amantissime*e* et valde ambiendo praeceptum*f* dedit, in quo*g* perspicue agnoscitur vel quam*h* care hunc rex diligeret, vel quam de eo aestimationem haberet; tale nimirum de illo rex civibus et episcopis cunctoque populo testimonium dedit, ut jure plebium testimonia regia oracula praecellerent hac praevenirent. Cujus epistolae exemplar necessario*i* huic*j* operi inserendum putavi. Textus autem epistolae iste est [1] :

o. decessit B C. — *p.* persequi B, prosequi C. — *q.* futuris *deest* B C. — *r.* per B C. — *s.* sint B. — *t.* decesseris B, descesseris C. — *u.* mi dulcissime B C. — *v.* ne *deest* B C. — *w.* pro B. — *x.* Dodenum B. — *y.* omnia scire poteris quae erga nos aguntur B C. — *z.* quem cum omni B C. — *a.* suprema B. — *b.* dulcissime *deest* B C. — *c.* Desiderii B C. — *d.* aspiravit B. — *e.* amantissima B C. — *f.* ambienda praecepta B C. — *g.* quibus B. — *h.* quam ob rem B C. — *i.* exemplarium necessarium B C. — *j.* hic C.

1. Indépendamment des éditions de la *Vita S. Desiderii*, ce précepte a été publié dans un certain nombre de recueils. On en trouvera l'indication dans Pardessus, *Diplomata*, t. II, p. 3, n° CCXLVI, et dans K. Pertz, *Diplomata*, p. 15, n° 13, qui l'ont édité en dernier lieu.

« Dagobertus rex Francorum episcopis et ducibus cunctoque populo Galliarum finibus constituto. Condecet clementiae[k] principatus nostri[l] sagaci indagatione prosequere et pervigili cura tractare, ut electio vel dispositio nostra Dei in omnibus voluntati[m] debeant concordare, et dum nobis regiones et regna in potestate ad regendum largiente Domino noscuntur esse conlatae, illis comittantur privilegia dignitatum quos vita laudabilis et morum probitas vel generositatis nobilitas attulit. Et quoniam virum illustrem Desiderium, tesaurarium nostrum, cognovimus religionis observantiam ab ipso pueritiae suae tempore in omnibus custodire, et sub habitu saeculari Christi militem gerere, ac mores angelicos et sacerdotalem conversationem habere, ut non solum in contiguis sed etiam in longinquis[n] fama bonitatis ejus[o] vulgata crebrescat; ideo credimus eum merito ad sacerdotium provehere[p], quem, sicut diximus, hornatis moribus videmus jugiter ad coelestem patriam anhelare, et dum civium abbatumque Cadurcorum consensus hoc omnimodis exposcit ut eum episcopum habeant et nostra devotio similiter consentit, absque dubio credimus nutu Dei id fieri, ut dum satis nobis est in palatio nostro necessarius, ipsi nobis quodammodo violentiam inferamus, et eum ab aeditibus[q] propriis[r] profectui publico[s] procuremus; sed dum nobis sicut[t] diximus eum[u] ab aeditibus[v] nostris auferamus, regiones et regna a Deo sunt commissa, quamvis nobis inferamus dispendium, tales debemus procurare pastores, qui secundum Deum et juxta[w] apostolica dicta plebes sibi ac nobis[x] commissas debeant regere, unde nobis merces amplior possit adcrescere. Quamobrem juxta civium petitionem, nostram quoque concordantem in omnibus voluntatem, decernimus hac jubemus ut, adjuvante Domino[y], adclamante[z] laudem[a] ipsius clero vel populo, vir illustris et verus

---

k. clementiam B. — *l.* nostri *deest* B. — *m.* Dei et hominum voluntati B, Dei et hominibus C. — *n.* longinquis regionibus fama BC. — *o.* evulgata B. — *p.* ad sacerdotium debere provehi BC. — *q.* aedibus B. — *r.* nostris BC. — *s.* vestro BC. — *t.* ut B. — *u.* et *add.* B. — *v.* aedibus B. — *w.* juxta *deest* B. — *x.* sibi a nobis B. — *y.* Domino *deest* BC. — *z.* ac clamante BC. — *a.* laudes BC.

Dei cultor Desiderius pontifex in urbe Cadurci debeat consecrari, et nostra civiumque voluntas quod decrevit in omnibus in Dei nomine perficiatur, et pontificali benedictione sublimatur [b], dum modo [c] Christo propitio vera hac religione [d] profitemur quod vita et conversatio ejus digna et probata ab universis habetur, in tantum ut [e] pro nobis et pro universis hordinibus Ecclesiae debeat exorare et acceptabiles Deo hostias studeat offerre, quia ex hoc vitam nobis longiori aevo auctore Domino credimus propagandam, si ille in sacerdotio eligitur et sublimatur qui pro nobis vel pro vobis sibique [f] commissis securus ante tribunal Christi preces offerrat et in futuro judicio ut culpas excuset precator adsistet [g]. Qua de re praesenti auctoritate decernimus ut saepe dictus Desiderius episcopatum in Cadurcena [h] urbe praesentaliter suscipiat, et Christo propitio ejus temporibus teneat. Et ut haec deliberatio voluntatis nostrae firmior habeatur, manus nostrae subscriptione subter eam decrevimus roborare. Chrodobertus [i] obtulit, Dagobertus rex subscripsit. Data sub die VI [j] idus aprilis, anno VIII Dagoberti regis [1] ».

[8]. INDICULUS [2] DAGOBERTI REGIS AD DOMNUM SULPICIUM ARCHIEPISCOPUM [k][3]. — « Domino sancto et apostolico domno meo [l]

---

b. sublimatus B C. — c. modo *deest* B C. — d. vere ac religioso B C. — e. in tantum ut *deest* B. — f. que *deest* B C. — g. peccatorum adsistat B C. — h. Caturcensi B, Caturcina C. — i. Crodobertus B, Crodabertus C. — j. VI *deest* B C. — k. archi. 2ª manu A, episcopum B C. — l. meo et *deest* B.

---

1. Cf. supra, *Introd.*, p. xii.
2. *L'Indiculus* a été publié comme l'acte précédent. Cf. Pardessus, *op. cit.*, t. II, p. 7, n° CCLI. On peut le comparer à la formule d'un document de ce genre donnée par Marculfe, *Formulae*, I, 6, éd. Zeumer, p. 46.
3. Saint Sulpice, archevêque de Bourges. Nous possédons de ce personnage une *Vie* sans grand intérêt (Mabillon, *Acta Sanct. O. S. B.*, saec. II, p. 168). Il faut le distinguer d'un archevêque de Bourges de ce nom, Sulpice I, appelé quelquefois Sulpice Sévère par confusion avec le biographe de saint Martin (*AA. SS. Boll.*, jan. t. II, p. 165), contemporain de Gontran (Grégoire de Tours, *Hist. Fr.*, X, 26). C'est vraisemblablement ce Sulpice I qui souscrit au concile de Mâcon en 585 (Maassen, *Conc.*, p. 164 et p. 172); il est honoré le 29 janvier, et le catalogue des archevêques de Bourges (B. Nat., ms. lat. 4280, f° 56 v°) place trois noms entre ceux des deux Sulpice. Sulpice II, dit parfois *Pius*, qui semble avoir connu Didier à la cour (*Ep.*, I, 10), succéda à saint Austregisile après 614 (Maassen, *Conc.*, p. 191). Il assista aux conciles de Clichy en 626-627 (Maassen, *op. cit.*,

et patri Sulpicio papae Dagobertus rex. Dum et[m] vestrae sanctitati bene[n] credimus esse compertum qualiter fidelis noster vir[o] illustris Desiderius, tesaurarius noster[p], nobis ab[q] adolescentiae suae[r] tempore fideliter deservivit et[s] nos devotissimam ac monasticam conversationem ejus bene habemus[t] compertam, ideo nos cognoscite taliter decrevisse ut in civitate Cadurca, ubi germanus ejus domnus Rusticus episcopus[u] praefuit[v], in locum ipsius honorem episcopatus in Dei nomine debeat accipere, quia divina inspirante potencia talis nostra devotio manet, ut eos quos moribus ornatos et sanctis operibus deditos perspicimus, sicut est iste fidelissimus Dei et noster Desiderius, hos ad episcopale culmen provehere debeamus, quia sic decet regiam celsitudinem ut quos cognoscit in Dei timore conversari et fidem catholicam integre custodire vel evangelica praecepta omnimodis observare[w] ad tale[x] officium studeat promovere. Proinde dum vos arcem metropolitani[y] scimus tenere, praesentes apices cum debito salutationis officio almitati vestrae studuimus destinare, petentes ut ad eum benedicendum properare debeatis, et litteras ad comprovinciales fratres vestros dirigatis, ut et illi adesse debeant, ut canonice et juxta apostolicam institutionem sub vestri[z] praesentia in sancta paschali solempnitate pontificali benedictione debeat confirmari[a]. Illud etiam ante omnia supplicamus ut nos in sanctis ac Deo placitis orationibus vestris Domino commendetis, et ad explendum quod vobis injungimus negotium[b] nullam

m. Deo et BC. — n. bene deest B. — o. vero B. — p. noster deest BC. — q. ab deest BC. — r. suae deest BC. — s. et deest BC. — t. habemus bene BC. — u. episcopus deest BC. — v. praeivit BC. — w. observare deest BC. — x. pontificale BC. — y. archimetropolitani B, archimetropolitam C. — z. nostri A. — a. esse consecratus BC. — b. explendum hoc negotium BC.

p. 200) et de Reims en 627-630 (Ibid., p. 203), et est mentionné dans quelques textes indépendamment de la vie de saint Didier (Gesta Dagoberti, c. 51, ed. Krusch, p. 425; Vita sancti Amandi, c. 6, AA. SS. Boll., febr. t. I, p. 860; Vita sanctae Eustadiolae, c. 1, AA. SS. Boll., jun. t. II, p. 131). Il mourut un 15 janvier, après un épiscopat de treize ans, sans doute vers 640 (Patriarchium Bituricense dans Labbe, Bibl. nova mss., t. II, p. 40). Les lettres adressées par lui à saint Didier (Ep. II, 1, II, 10) ne renferment aucun renseignement d'un caractère historique.

moram faciatis. Quem indiculum^c manus nostrae subscriptione, ut mos est, decrevimus roborare. Dagobertus rex subscripsit. »

II [9]. Itaque et^d regis promulgata sentencia et civium consona voce Desiderius ad episcopatum eligitur, dataque, ut supradictum est, auctoritate ad Sulpicium Betorive^e urbis episcopum qui metropolis^f dinoscebatur, ipse caeteros fratres comprovinciales ad consecrationem venerabilis Desiderii invitat. Factus itaque episcopus sub anno VIII Dagoberti regis, temporibus piissimi Eraclii imperatoris[1], qualem se demum^g quantumque praestiterit non est nostrae facilitatis^h evolvere. Prima enim illi ac praecipua cura fuit^i Dei praeceptis nihil praeterire, humilitate jactantiam superare, benignitate invidiam subfundere. Deinde ut nullam obsceni in se rumoris fabulam daret, nullam occasionem quolibet^j modo perniciosis relinqueret, studuit summopere subvenire pauperibus, visitare infirmos, consolari pusillanimes, *gaudere cum gaudentibus, flere cum flentibus*[2], omnibus se omnia facere, ut omnes faceret salvos. Erat enim caecorum baculus, esuriencium cybus, sicientium potus, miserorum salus, solamen lugentium; frequenter in hore sacra^k lectio, saepissima Christi erat invocatio, frequenter humi inhaerens et flexo corpore, mens erecta ad Deum^l viam qua spiritus tendebat monstrabat. Rumusculos necnon vaniloquios^m et palpantes adulatores quasi hostem fugiens, sola simplicia et pura contubernia delectabatur^n. Pauperibus vero et fratribus refrigeria sumptuum^o ita praevidebat^p ut ulli^q nihil deesset. Si pusillanimem vidisset, consolabatur; si in Dei amore servientem, quoartabatur^r ad studium. Cujus locutio

---

c. Quod vero indicimus B. Quod vero indimanus nostro C. — d. et deest BC. — e. Bituricae BC. — f. metropolitanus B. — g. se Deo ministrum B, se Dei virum C. — h. facultatis B. — i. de add. B. — j. occasionem pro quolibet B C. — k. facta B. — l. Dominum B. — m. rumigerulos sane clericos et gloriosos et B, rumusculos sane et gloriosos C. — n. amplectabatur BC.—o. sompnium C B$_2$. — p. providebat B. —q. nulli B C. — r. cohortabatur BC.

---

1. Héraclius, empereur d'Orient, 610-641.
2. Rom., XII, 15.

instar fonte purissimo[s] dulcis manabat ac placida, ipsumque genus eloquii ejus subpressum[t] erat ac nitidum, adeo ut eo concionante nihil pulchrius, nihil dulcius nihilque laetius[u] crederetur; ita enim in singulis virtutibus eminebat quasi caeteras non haberet. Sic se praeparabat quasi quotidie moriturum; sic nempe vivebat ut non eum ab oracione somnus, non saturitas a lectione[v] revocaret. Quis unquam de eo, quod displiceret, audivit? quis audiens credidit? quis eo[w] in fide firmior, in opere prumptior, in oratione paratior, in utilitate[x] ardencior potuit inveniri?

Ab ipso quippe exordio episcopatus[y] sui initia extruendae immoque recuperendae moeniae studium[z] dedit, ubi instantissime desudans paene[a] sine intermissione dies in opere continuabat[b]. Ob hoc vel maxime semper aliquid operis facere studebat, ut quotiens inimicus[c] pulsaret, nunquam ab opere inveniret ociosum, sciens scriptum esse quod *ociositas inimica est animae*[1], et Apostoli esse praeceptum quod *qui non operatur non manducet*[2]; noverat et[d] alibi esse scriptum : *in desideriis est omnis otiosus, vagatur enim perniciosis[e] cogitationibus*[3]. Unde ipse aiebat : « Apostoli[f] manibus propriis laborabant ne aliquem[g] gravarent, sed magis haberent unde aliis[h] refrigerium tribuere possent[4]. » Porro industria sua aedificavit et prope matrem ecclesiam domos geminas, utrasque duplas, arcubus[i] libratas, fenestris obliquas, scalis contiguas, positione[j] junctas compendioque[k] congruas, sociatas[l] oratoriis, ornatas antis, quadrisque

s. fontis purissimi BC. — *t.* purum B, plum C. — *u.* jucundius BC. — *v.* a lectione saturitas B. — *w.* eum A. — *x.* charitate B. — *y.* episcopatu sui A. — *z.* in vitia exstirpando animoque recuperando omne studium B, vicia extruendo C, menio B₂ B₃. — Moeniae *est un génitif singulier, cf.* Vita S. Desiderii Vienn., c. 7, SS.RR. Merow., t. III, p. 640. — *a.* paene *deest* b, ponere B₂ B₃ C. — *b.* desudans, in opere... dies continuabat B. — *c.* eum *add.* B — *d.* et invenit B C. — *e.* perniciosis quisque cog. BC. — *f.* unde ipsi etiam apostoli BC. — *g.* quem BC. — *h.* aliis *deest* BC. — *i.* duplis arcubus B, duplas artibus C. — *j.* possessione conjunctas B, possetiones et junctas C. — *k.* que *deest* BC. — *l.* socias BC.

1. Cf. *Ecclesiast.*, XXIII, 29.
2. *II Thessal.*, III, 10.
3. Cf. n. 1.
4. Cf. *I Cor.*, IV, 16.

munitas, mirae magnitudinis, miraque dispositione [m] compactas, quas super ripam Oltis [1] fluvii extruens, praecipuum atque eximium post futuris compendium praeparavit. Aedificavit etiam ultra amnis ripam, in conspectu praedictarum aedium, basilicam formae convenientissimae combtam, scilicet in loco quo germanus ejus Rusticus quondam fuerat interemptus, quam mirabiliter perficiens in honorem beati Petri apostolorum principis dedicavit [2]; terrae quoque reditus et nonnulla ex suis facultatibus eidem indulsit. Aliam vero quae [n] extra castri [o] municionem, in valle quae in Lariago [3] vel Spernio [4] tenditur [p], aedificavit basilicam in honore [q] sancti martyris Juliani [5] fundatam, quam cum terris et cum apendiciis [r] monasterio suo dedit. Aedificavit etiam haut [s] procul a majori ecclesia, sub intervallo trium domiciliorum, elegans oraculum miro opere miraque volutione prostratum [t], quo loco Deum mens desiderans ita [u] ingrediens refovetur ac si partem paradysi se occupasse gratuletur; qui locus tam suavis tamque jocundus existit, ut etiam nolens in contemplatione erectus illic orare cogatur. Non ibi obscenum tempus orrorem [v], non ventus frigorem [w], non gelu infert rigorem, non calor angustiam, non solitudo accidiam, non inquietudo gignit molestiam, et hanc [x] nihilominus ilarem [y] in honorem beati confessoris Martini volui consecrari [z] [6]. Multa etiam et alia conspicua quae matris

m. miraeque dispositionis A 1^a manu BC. — n. qui A. — o. castri deest BC. — p. quae Vilariago vel Spino tenditur BC. — q. honorem BC. — r. quam cum terrae compendiis mon. BC. — s. aliquanto BC. — t. con stratum BC. — u. loco dum mens desiderantis ita BC. — v. ibi coenum horrorem B, cenus errores C. — w. fragorem BC. — x. hunc B. — y. larem BC. — z. consecrare B.

---

1. Le Lot.
2. Eglise Saint-Pierre à Cahors (Longnon, *Pouillé*, n° 140). Sur cette église, cf. Lacoste, *Hist. de Quercy*, t. I, p. 221.
3. Inconnu.
4. Inconnu.
5. Saint-Julien, aujourd'hui hameau dépendant de la commune de Cahors, à 2 km. au sud de la ville (Longnon, *Pouillé*, p. 159).
6. Sur l'emplacement de cette église s'élevèrent plus tard les écuries de l'évêché, mais le souvenir en demeura dans certains usages de l'église de Cahors (Lacoste, l. cit.).

ecclesiae tam in porticibus*a* quam in amplioribus aedificiis congrua sunt tegmine supervoluto*b* secuturis post fratribus praeparare studuit.

III. Praeter civitatis autem*c* opera, castellorum quoque municipia, Cadurcum, quibus antea nudus pene ac exiguus locus ille videbatur*d*, copioso opere conspicandaque municione*e* ampliavit, erexit ac firmavit. Quae*f* sagaciter exstruens multoque inhibi*g* labore desudans, ecclesias, domos, portas, turres murorum ambitu ac quadratorum lapidum compactione munivit, firmumque hac solidum ad posteros pervenire decrevit. Jam vero in altaris ecclesiaeque*h* ministerio*i* dici non potest quantum effuderit*j* quantaque fecerit, quam numerosa, quam pulchra, quamque nitentia hodie constent*k* melius puto intuentium occulos judicare quam nostro sermone exponere. Quantus sit in calicibus decor, ex distinctione gemmarum nec ipsos intuentium obtutus facile dijudicare reor; fulgent quidem gemmis auroque calices, preminent*l* turres, micant coronae, resplendent candelabra*m*, nitet pomorum rotunditas, fulget auri et argenti color*n*, nec desunt patenae sacris propositionis panibus praeparatae; adsunt et stantarii*o* magnis*p* cereorum corporibus aptati. Prae*q* his omnibus crux alma ac preciosissima, vario simul et candido opere preciosissimarum gemmarum scientia artificum fabricata, coronis superjecta fulget*r*. Haec sunt opera Desiderii, haec munilia ejus*s* sponsae, hoc studium pontificis nostri, hoc emolumentum pastoris egregii*t*; in his sedule*u* studium impendit, quod dum paravit, Deo quidem honorem, sanctis autem venerationem et sibi providit*v* mercedem perhennem.

a. multa etiam sub aliis compendiis secuturis *b.* participibus *corr.* en porticipibus A. — *b.* multa etiam sub aliis compendiis que matris ecclesie tam in participibus quam disportoris presulibus thesauribus tegmine supervoluto B₁-₂C. — *c.* Cadurcae B. — *d.* Praeter ...opera castellum quoque Cadurcum quod antea nudum pene ac exiguum videbatur BC. — *e.* conspicanda quadam mun. B, conspicanda quod mun. C. — *f.* quod B C. — *g.* ibi BC. — *h.* que *deest* B. — *i.* ministeria B. — *j.* quantum se fuderit BC. — *k.* nitentia quae hodie constare BC. — *l.* prominent BC. — *m.* candelabra resplendent BC. — *n.* fulget recentarii coeliquae varietas nec B, recentarii coliquae C. — *o.* statarii B. — *p.* magnis *deest* BC. — *q.* Prae *deest* BC. — *r.* varia simul et candida arcubus appensa sanctique superjecta fulgetris BC. — *s.* illius B, moniliarius sponse C. — *t.* In his vel maxime elaboravit, in his sedulum C. — *u.* sedulum BC. — *v.* providere C.

IV [10]. *w* Sub cujus*x* quoque tempore res accidit non mediocriter stupenda. Siquidem nonnulla ita in hoc saeculo occulto Dei judicio aguntur, ut humanae investigationi abdita omnino habeantur, magisque terrorem incutiant agnita quam inquisicionem ingerant experta. Unde et res quam narro stuporis pariter et admirationis plena esse constat, quia hanc, ut dixi, occulta Dei judicia secreto consilio actenus obumbrant *y*. Itaque die quadam, dum vir beatus in unam ex aedibus quam super ipsam amnis ripam exstruxerat consederet, vox subito ex fluvio emissa sonuit dicens : « Hora venit, homo non venit; hora venit, homo non venit *z* ». Ad quas mirum voces cuncti *a* audientes adtoniti diversa, ut in talibus solet, opinabantur portenta; venerabilis autem Desiderius, cum esset altioris ingenii, cauta et pervigili consideratione causam protinus animadvertit, jussitque illico famulos concito ad amnis trajectum pergere hac sollicite circumspicere sicubi quempiam transmeare volentem viderent; hunc praecepit *b* nullatenus fluvium permitterent intrare, priusquam ad se cognoscendae rei causa perducerent, volens scilicet probare ad quem exitum vox emissa perduceret *c*. Perrexerunt itaque ministri et curiose ripam fluminis contuentes vident eminus quendam hominem *d* equum vehementer stimulantem currere atque ad amnis trajectum pernici *e* cursu festinare.

---

w. Une main du XV° siècle, au haut du f° 12 r° du ms. C, dont la partie supérieure a malheureusement été rognée, a ajouté la note suivante, correspondant aux mots « ... et res quam narro stuporis pariter »... du texte de la Vita et relative aux constructions de saint Didier. «...interfectus... Rusticus inesse... ut qualibet ebdomada esset ibi alienius civis aut alterius extranei submersio. Et ad placandam iram Dei, respectu cessationis illius maledictionis, fecit beatus Desiderius in honorem sancte crucis et in signum illius quattuor basilicas circuentes civitatem totam. Prima caput representans benedicte crucis, fuit extra barram prope ripariam, in manu sinistra, in honore sancte crucis, alio nomine sancti Marii. Alia basilica fuit representans finem crucis dicta sancti Juliani. Alie due representantes brachia crucis fuerunt basilica sancti Petri, contigua domui Predicatorum in loco ubi fuit frater ejus interfectus. Alia vero fuit basilica sancti Martini quam sub nomine sancte Quicterie cive[s] nunc nominant ». — *x.* ejus B C. — *y.* judicia secreta ejus obumbrant B C. — *z.* hora... venit. semel B C. — *a.* Ad quam mirum cuncti B. — *b.* de quo praecipit ut nullatenus. B C. — *c.* volens... perduceret *&* manu A, deest B C. — *d.* hominem deest B C. — *e.* pernicioso C.

V. Quem *f* percunctantes quis *g* vel cujus esset, vel quam ob causam curreret, audiunt ab ipso *h* Maurini *i* comitis se esse atque ad ipsum festinanter pergere sibi esse jussum. Cumque vix *j* responsione impleta fluvio *k* praecipitanter vellet intrare, tentus ab ipsis ad episcopum ducitur. Percunctatus autem ab episcopo quae esset causa cursus ipsius, respondit : « Ancilla, inquit, vestra Placedina *l* ad filium vestrum Maurinum *m* litteras michi *n* perferre mandavit; hujus rei gratia festinanter vado ». Ad quem episcopus : « Sustine paulisper, fili, quousque litterae scribantur : ego ei *o* epistolam dirigere volo, nunc *p* jam ibis ». Dum ista dicuntur, ille adhuc ad amnem anhelans nec quicquam expectare valens subito rubore mixtus atque palpebris perfusus coepit anxiari ac vehementer se agitare *q*. Quem episcopus cernens nimis anxie palpitare, festinanter valde vinum afferre *r* mandavit, quo scilicet anxio occurrere posset *s*. Allato ergo *t* vino, nullatenus homo ori suo applicari *u* permisit, sed longe eum *v* repellens, guttam aquae clamare coepit ; cumque aqua fuisset allata, valde inianter ciatum praeripiens glutivit *w*, et cum ipso, ut ita dixerim, [h]austu *x*, videris quo Dei *y* judicio, in terra decidens, spiritum exalavit, morteque subito praeventus obriguit. Ex quo facto cuncti videntes nimio timore percussi, causam mortis hujus satis mirabantur attoniti. Desiderius autem occultum Dei judicium glorificans, atque ex hujus internicione *z* matheriam sermonis assumens, multa salubria multaque terrifica *a* praesentibus concionatus est, asserens manifeste quam essent metuenda Dei judicia, quamque incomprehensibilia *b* ejus consilia, propo-

f. qui B. — *g.* quis *deest* B. — *h.* eo B. — *i.* Maurinii B. — *j.* mox B C. — *k.* fluvium B C. — *l.* Placida B C. — *m.* Maurinium B. — *n.* me B C. — *o.* ei *deest* B. — *p.* tunc *2a manu* C. — *q.* anhelans nec coercere se valens subito rubore perfusus mixtus aquae poscere coepit anxie ac vehementer satagere B C. — *r.* vinum servis suis afferre B. — *s.* quos scilicet anxios currere praecepit B C. — *t.* igitur B C. — *u.* applicare B C. — *v.* eum *deest* B. — *w.* deglutivit B. — *x.* ipsa... hausta B C. — *y.* hausta statim occulto Dei B C. — *z.* interompcione B C. — *a.* terribilia B. — *b.* manifeste quod multum essent metuenda cunctaque incomprehensibilia B, Dei judicia cunctaque C.

1. Le comte Maurinus est également nommé dans une lettre adressée à saint Didier par Constance, évêque d'Albi, et par saint Ouen de Rouen (*Ep.*, II, 4) qui se plaignent de n'avoir pu parvenir à voir ce personnage.

nens quoque hujus viri internicionem, quem quamvis summopere *c* conatu subtilique studio aquae periculum adimere temptaverit, nullatenus tamen proposito mortis termino subtra[h]ere potuit; hinc, aiebat *d*, unusquisque quam *e* sollicitus semperque *f* suspectus quasi sub oculis Dei debeat conversare, dum quemlibet *g* mortis sententia praeveniat, nullatenus valeat praevidere; qua de re necesse est ut tantum quisque sit semper paratus quantum de repentini casus eventu constat nos esse incertos *h*. Sed de eis *i* satis sit dictum, nunc interim ad ea quae *j* digressi sumus redeamus.

VI. [11]. Desiderius itaque praeter alia magnifica opera aedificavit monasterium [1] sub ipso Cadurcae municipio, in caeteris aeditibus *k* eximium, septingentos circiter et quinquaginta passus a praecipua pontificum sede distans *l*, quod summo studio, miro ac singulari opere in domorum vel ecclesiarum exstructione patratum, vinearum quoque et *m* segetum ac parietum *n* adjectione circumsepsit *o*. Monachos etiam copioso numero aggregavit, quibus post Ursicinum [2] venerabilem virum Daddivum *p* [3] abbatem instituit. Ipse autem profuso *q* se amore erga ipsum coenobium dedit, et omnia quae essent *r* necessaria tam in utensilibus quam in aliis *s* speci[e]bus ministravit *t*. Sepulturam quoque sibi in eodem monasterio sub dextri lateris basilicae volutione praeparari jussit, ubi hodie quoque *v* in Dei nomine humatus quiescit. Sub ipso adhuc Cadurcae oppido aedificavit basilicam *w* in honore sanctae Mariae [4] semper virginis,

c. summo ipsi B C. — *d.* agat B C. — *e.* quam *deest* B C. — *f.* que *deest* B C. — *g.* sub oculis Domini debeat conversari dum quae illum B C. — *h.* nos *deest*, incertus B C. — *i.* his B C. — *j.* ad ea unde B C. — *k.* cunctis aedibus B. — *l.* distante B. — *m.* ac B C. — *n.* pontis B, pontorii C. — *o.* circumscripsit B C. — *p.* Dadalenum B, Daddulum C. — *q.* profluo B C. — *r.* ut omnia quae habebat B C. — *s.* in aliis *deest* B C. — *t.* ministraret B C. — *u.* vero B C. — *v.* quoque *deest* B C. — *w.* basilicam *deest* B C.

1. Monastère d'abord dédié à saint Amans (*Ep.*, I, 3), et à la dédicace duquel nous savons que Didier convia plusieurs évêques, notamment Paul de Verdun (*Ep.*, I, 11). Le monastère prit plus tard le nom de son fondateur, en langue vulgaire Saint-Géry de Cahors. Cf. *Hist. de Languedoc*, t. I, p. 345; *Gall. Christ.*, t. I, p. 122.
2. Inconnu d'ailleurs.
3. Inconnu d'ailleurs.
4. Notre-Dame de la Daurade, plus tard maison de religieuses.

cujus opus perficiendum *x* Claudium abbatem [1] constituit, ibique eum abbatis officium agere permisit *y*. Alias etiam quamplures *z* et in Cadurco territorio et in Albiensi oppido, tam infra municipia quam infra urbana *a* vel ecclesiae Cadurcinae praedia, ecclesias competenter *b* exstruxit, quae per singula narrare non sufficimus, ex quibus hodie quidem pars maxima regionis adhuc *c* decorata consistit. Sed quandoquidem in exterioribus aedificiis construendis tale ei studium fuerit, praecipuum tamen sibi studium *d* fuit animarum pariter culmina erigere, bonum quidem esse dicens domum Christo exstruere, marmoribus vestire, pingendo *e* lucubrare, auro gemmisque locupletare, lacunaria ornare, pavimenta componere, sed multo melius animas coelesti sponso dignas praeparare, quia verum Christi templum animam cujusque fidelis christiani credendum esse dicebat *f*.

[12]. Sane vitae suae moderamina ita temperavit in victu, in vestitu, in domo, in comitatu, ut nec nimium superflua nec multum essent abjecta. Siquidem omnem hypocrisin et finctionem *g* abjiciens, mediam semper discretionis virtutem tenebat *h* ; non divitiis tumens, non tristabatur paupertate et laeta et tristia aeque continebat, melius dicens humilitatem in corde portare quam in corpore praeferre. Sciebat procul dubio quales Dominus quaerat ornatus, prudenciam scilicet, justiciam, fortitudinem et castitatem : « Nihil, inquiens *i*, his virtutibus clarius, nihil hoc monile pretiosius, nihil hac gemmarum varietate distinctius ». Clerus sane et populus *j* et omne ejus contubernium in publico episcopum, domi patrem habebant. Sic enim, ut diximus *k*, omnes

---

x. cujus operis prosecutorem B C. — *y*. ibique (eum) abbatiam gerere permisit B C. — *z*. complures B C. — *a*. municipias... urbanas B C. — *b*. vel in... praediis ecclesiarum compages coepit extruere B C. — *c*. adhuc *deest* B C. — *d*. sed cum exteriori constructione praecipuum ei studium B C. — *e*. pigmentis... obumbrare B C. — *f*. anima credenda est B, esse credenda est C. — *g*. omnes hypocrisis fictiones B C. — *h*. discretionem tenebat B C. — *i*. alebat B, agebat C. — *j*. et populus *deest* B C. — *k*. ut diximus *deest* B.

---

1. Inconnu d'ailleurs.

simul[1], a majore usque ad minimum praevidebat, ut nihil nullo deesset. Gravitatem morum hilaritate vultus temperabat; sermo ejus ad omne suum [m] erat convivium de scripturis aliquid proponere, salubria libenter audire, proponentibus verecunde respondere, utilia suscipere, recta praeferre, prava refutare, callide acuteque disputantes [n] magis blande docere quam violenter convincere, et ingenii pudore [o] qui ornabat aetatem quid vel cujus esset [p] simpliciter honesteque confiteri. Divina quippe praecepta sollicite scrutans, coelestia oracula saepius percuntabat discens quod doceret [q] sanam doctrinam, summopere studens ne sermones ejus vel in modico contraria confunderent opera; recordabatur semper quod beatus Petrus sacerdotibus praecipiat dicens: *Pascite eum [r] qui in vobis est gregem Domini [s] non coacte sed [t] spontanee secundum Deum, neque ut dominantes in clero, sed forma facti gregis [u] et ex animo, ut cum apparuerit princeps pastorum, percipiatis inmarcescibilem gloriae [v] coronam* [1].

[13]. Cum exterioris [w] autem curis templo semper inserviens erat sollicitus si nitore [x] altare esset aptatum [y], si parietes absque pulvere, si pavimenta sine [z] sorde, si custos solitus, si cantor [a] paratus, si aedituus esset [b], si vasa nitida clara, si sacrarium mundum, si lucernae accensae, si lampade[s] digne aptatae, si vasa dominica munda, si altaris velamina honesta [c], et in omnes caerimoniis strenua illi semper sollicitudo disposita, quicque [d] dum sedule inservit templo, merito ipse templum efficiatur Dei.

VII. Nullus [e] quidem eo tempore in urbe Cadurca propositum monachi, neque habitum religionis, aut regulae coe-

---

l. simul *deest* B C. — *m.* suum *deest* B C. — *n.* discordantes B, disportantes C. — *o.* pudorem A, ingenuo pudore B C. — *p.* quid opus esset B, quid cujus esset C. — *q.* percunctans dicebat quod deceret sanam B, dicebat quod doceret C. — *r.* eum *deest* B C. — *s.* Domini gregem B. — *t.* non coacte sed *&* manu A, *deest* B C. — *u.* gregi C. — *v.* gloriae *deest* B. — *w.* exterioribus B C. — *x.* nitorem A. — *y.* absque A. — *z.* essent A. — *a.* canter A. — *b.* bene esset B C. — *c.* altaris vel///// mahonesta A. — *d.* quisque B. — *e.* nullum B, nullud C.

---

1. *I Petr.*, V, 2-4.

nobialis iter *f* intraverat[1] ; secta Columbani procul aberat, instituta beati Benedicti longe distabant; ignominiosum, ut putabatur, monachorum genus omnes omnino spernebant[g]. Desiderii autem sub[h] tempore haec secta Cadurcae intravit, hujus sub die haec religio adolescere coepit. Nam et Moysiacense[i][2] coenobium, paulo ante regiis expensis initiatum, hujus tempore a viris laudabilibus Ansberto[3] et

f. iter deest B. — *g.* ignominiosum... spernebant *deest* B C. — *h.* sub *deest* B C — *i.* Marciliacense... a viris laudabilibus Ansberto et Leutado (Leuthado C) initiatum est B C. *Une main du XVII° siècle a ajouté en marge de C cette note :* sed ex lecti[on]ario legi videtur Moisiacense.

1. Cette affirmation est inexacte. Cf. Introduction, p. vi.
2. Le nom de Moissac a été, dans les mss. B et C, remplacé par celui du monastère de Marcillac, dont la première mention authentique est de 960, bien que la tradition le prétende fondé par Pépin d'Aquitaine (*Gall. Christ.*, t. I, col. 177). Cette substitution a, en dernier lieu, induit en erreur l'abbé A. Legris (*Les vies interpolées des saints de Fontenelle*, dans les *Analecta Bollandiana*, 1897, p. 265, n. 4), qui fait à tort de l'Ansbert mentionné dans la vie de saint Didier un abbé de Marcillac. Mais bien que ce passage, par suite de grattages et de surcharges, ait subi une altération dans le ms. A, on peut encore constater que, dans le texte primitif de ce ms., figurait déjà le nom de Moissac, et non celui de Marcillac. Il paraît bien certain que ce texte primitif a été gratté et corrigé par les moines de Moissac, qui eurent plus tard, comme l'on sait, la prétention d'attribuer au roi Clovis Ier la fondation de leur maison. Cf. Aymeri de Peyrat, *Chron. Moiss.*, B. Nat. ms. lat. 4994 A, f° 103; *Monast. Bened.*, t. XVIII, B. Nat. ms. lat. 12865, f° 83 ; Mabillon, *AA. SS. O. S. B.*, saec. I, p. 358 ; *Gall. Christ.*, t. I, p. 158; Lagrèze-Fossat, *Études hist. sur Moissac*, t. III, p. 4; Marion, *L'Abbaye de Moissac* dans la *B. Ec. Chartes*, t. XI, p. 93-97. La liste des abbés (*Gall. Christ.*, t. I, p. 159, Marion, *loc. cit.*) ne donnait cependant qu'un nom d'abbé antérieur à Ansbert et à Léothade, contemporains de saint Didier, celui d'un *sanctus Amandus*, qu'il n'est pas très prudent d'identifier, comme on l'a fait parfois, avec saint Amand d'Elnone.
3. Ansbert, abbé de Moissac, a été parfois identifié avec saint Ansbert, évêque de Rouen, qui, dans cette hypothèse, aurait régi le monastère de Moissac avant de gouverner celui de Fontenelle (*AA. SS. Boll.*, Febr. t. II, p. 343). Mais un ancien martyrologe de Sauve-Majeure, cité par Mabillon (*Ann. Bened.*, t. I, p. 358), portait : « Pridie kal. octobris (30 septembre) Musciaco monasterio sancti Ansberti abbatis fit memoria ». Au contraire, Ansbert de Rouen mourut un 9 février. Les moines de Moissac ont, il est vrai, ajouté dans leur martyrologe, à la suite de la notice du 5 des ides de février (B. nat. ms. lat. 5548, f° 11; ms. du xii° siècle, cf. A. Molinier, *Obituaires*, n° 605), une mention ainsi conçue : « Eodem die Moysiaco sancti Ansberti confessoris ». Cette addition paraît, d'après l'écriture, avoir été faite au xii° ou au xiii° siècle. L'identification entre Ansbert de Rouen et Ansbert de Moissac, qui ne paraît pas se trouver dans la chronique d'Aymeri de Peyrat (f° 152 v°), est au contraire indiquée par le catalogue abbatial (B. Nat. ms. lat. 12865, f° 86 r°). Il n'y a, dans la plus ancienne des vies de saint Ansbert de Rouen (*Analecta Bollandiana*, t. I, p. 178 et ss.), rien qui l'autorise. Les auteurs de la *Gallia* l'avaient déjà rejetée. Elle a été reprise par Lagrèze-Fossat (*op. cit.*, t. III, p. 10), mais l'abbé Legris (*l. cit.*) a montré qu'elle était assez peu vraisemblable.

Leothadio[1] competenter expletum est[j]. Et in ipso quoque oppido ipsius[k] sancti viri monasterium his diebus exortum[l]. Alia quamplura monasteria, ejus sub tempore[m] sata, creverunt.

VIII [14]. Frugum vero abundantia et vinearum ac segetum copia tanta in diebus ejus succrevit, abundavit et exuberavit[n], ut nec ante acto tempore nec post transacto similia nulla[o] antiquitas meminerit adfuisse. Nam infra urbem nullus fere egens[p] erat, nullus quod cupierat[q] difficulter inveniebat, nec ulla victus aut vestimentorum indigentia inerat[r], sed omnia plena, omnia exuberantia affluebant; vicinae quoque civitates ex abundantia Cadurcorum alebantur, nec immerito, Dominus enim opera ejus dirigebat. Ipse rerum copiam multiplicabat, cujus[s] Desiderius praecepta *desiderabilia super aurum et lapides preciosos ducebat*[2]. Vere in eo[t] quod scriptum est implebatur[u] : *Diligentibus Deum*[v] *omnia que operantur in bonum*[3] ; non enim surda aure transierat quod Dominus in Evangelio dicit : *Quaerite primum regnum Dei et justitiam ejus et haec omnia adicientur vobis*[4]. Et quia studiosus auditor fuerat, nec[w] *solum auditor sed etiam factor*[5], ideo Dominus inven-

---

j. sic 2ª manu A. Le texte primitif paraît avoir été : Nam et Musciacense cenobium hujus tempore a viris laudabilibus Ans[e]berto et Leothadio [/////   ] et in ipso. — *k.* ipsius 2ª manu A, *deest* B C. — *l.* exorditum B C. — *m.* suo tempore B. — *n.* exsuperavit B C. — *o.* ulla B C. — *p.* egenus B. — *q.* cupiebat B C. — *r.* inerat *deest* B. — *s.* ejus B C. — *t.* in eo *deest* B C. — *u.* implebat B C. — *v.* Dominum B C. — *w.* non B.

---

1. Loutade, abbé de Moissac, est mentionné dans une charte de donation à l'abbaye, datée de la VIIᵉ année du règne de Thierry [III], c'est-à-dire de 680-81 (*Cartul. de Moissac*, B. Nat. coll. Doat, t. CXXVIII, n° 2 ; Marion, *op. cit.* p. 98). Il a été identifié avec un saint évêque ou archevêque d'Auch du même nom, dont on place l'épiscopat, d'une manière un peu conjecturale, vers le début du VIIIᵉ siècle, et qui mourut un 23 octobre. Le martyrologe de Moissac, au 10 des kalendes de novembre (B. Nat., ms. lat. 5548, f° 70) porte une addition relative à « Loutade, évêque et confesseur », analogue à celle que nous avons relevée pour Ansbert. La *Gallia* (t. I, p. 158) rejette l'identification, admise au contraire par Lagrèze-Fossat (*op. cit.*, t. III, p. 11) et par le P. Van Hecke (*AA. SS. Boll.*, oct. t. X, p. 123).
2. *Psalm.*, XVIII, 11.
3. *Rom.*, VIII, 28.
4. *Math.*, VI, 33 et *Luc.*, XII, 31.
5. *Jac.*, I, 23.

tum ^{x} qui mereretur accipere gratiam largitatis suae non negavit, immo quod olim promiserat mirabiliter in eum adimplevit. De talibus autem per prophetam dicitur : *Convertimini, ait Dominus, et videbitis quid sit inter justum et injustum, et inter servientem Deo et non servientem ^{y} ei* $^{z\,1}$. Hinc vero scriptum est : *Oratio justi coelos penetrat* [2], et iterum : *Dedi ei* ^{a} *timorem et timuit me et a facie nominis mei pavebat* [3]. Denique tanta eum rerum copia frugumque ubertas comitata est, ut cum die quadam unum ex colonis de villa Rusticiago [4] fortiter ^{b} interrogaret quot vini amforas in dominio tunc pro canone esset illaturus, rusticus ille centum et eo amplius metras se solum in decimo ^{c} illaturum respondit ; ex quo Desiderius valde laetatus nimiumque largitatem bonitatis Dei miratus, qui ita uberes fructus in diebus suis contulisset, maximas Deo laudes et gratias ^{d} retulit, coniciens quid in majoribus qui multa laborarent divina largicio conferret, quando in hoc tantillo et modico tam uberes fructus contulisset : « Tu ergo, inquit, pauperrime, mille anforas [h]abes ? » Cumque ille ita esse adfirmasset, Desiderius ei ipsas centum dimisit quas in dominio ^{e} inferre debuerat. Laetatur ^{f} et multum in Domino gratulatur ^{g}, qui tantam pauperibus largitatem in diebus ejus concessit.

[15]. Habebat eo tempore dominus Jesus plures in Galliis nobiles servos : Arverno Gallum [5], Bituricas ^{h} Sulpicium [6],

x. invento B C. — *y*. inservientem B C. — *z*. ei deest B C. — *a*. Didici in B. — *b*. fortiter deest B C. — *c*. in dominico 1ª manu A, in dolia B C. — *d*. Deo laudes Christoque gratias B C. — *e*. dolio B C. — *f*. debuerat, laetatus B C. — *g*. gratulatus B C. — *h*. Bituricis B.

1. *Malach.*, III, 18.
2. Cf. *Eccli.*, XXXV, 21.
3. *Malach.*, II, 5.
4. Inconnue.
5. Le seul évêque de Clermont de ce nom certainement connu d'ailleurs, est un prélat célèbre du vɪᵉ siècle, oncle de Grégoire de Tours (*Hist. Fr.*, IV, 5 ; *Vit. Patrum*, c. 6), qui occupa le siège épiscopal d'Arvernie de 532 à 554. Mais un Gallus écrit à Didier (*Ep.*, II, 20), pour lui recommander des mesures destinées à empêcher la propagation de la peste. Il faut très vraisemblablement l'identifier avec l'évêque de Clermont dont parle la *Vita*, à moins qu'il n'y ait confusion avec le Gallus du vɪᵉ siècle.
6. Cf. *supra*, p. 14, n. 30.

Rotenis [i] Verum [1], Aginno [j] Salustium [2], Egolisma Eparcium [k][3], Petragorico Asterium [l][4], Noviomo Eligium [5], Metis Arnulfum [6], Luxovio Austasium [m][7], Metascone Deodox.[n][8], Cadurcae Desiderium. Cumque Desiderius inter divina officia plerumque aedium aedificationi insisteret multique fragiles et inertes [o] difficultatem operum [p] ei obicerent, ille constanter libere agebat [q], asserens docti [r] illud proverbium quod *nihil in hac vita sine magno labore*[s] *datur*[t] *mortalibus*. In adversitatibus vero illius dicti recordabatur : *Pati*, inquit, *necesse est, multa mortalem*[u] *mala*; et illud[v] : *Aurum et argentum probat ignis, homines autem justos temptacio tribulacionis* [w][9], et illud : *Fili, accedens ad servitutem Dei, sta in temptacionem*[x][10]. Damna quoque rerum vultu laeto portabat, et omnia adversa aequanimiter tolerabat. Canebat jugiter orans : *In corde meo abscondi eloquia tua ut non peccem tibi*[11]; et illud : *Meditacio cordis mei in conspectu tuo*

---

i. Rutena B, Ruteno *1ª* manu C. — *j.* Agenno B C. — *k.* Engolisma Ebargehenum B, Engolesine Ebarch'um C. — *l.* Petrogorico Austerium B C. — *m.* Luco Austrasium B, Luxu B₂. — *n.* Mestarone Diodorum B, Deodoxum C. — *o.* et inertes *deest* B, etiam mestam C. — *p.* opum B. — *q.* libere agebat *deest* B. — *r.* dictis B, doctis B₂ C. — *s.* sine... in hac B. — *t.* Deus dedit B, dedit Deus C. — *u.* mortalem multa B C. — *v.* illius B. — *w.* justos tentationes, et illud B C. — *x.* tentatione B.

---

1. Verus, évêque de Rodez, signe aux conciles de Paris en 614 (Maassen, *Concil.*, p. 192), de Clichy en 626-627 (*Ibid.*, p. 201), de Reims en 627-630 (*Ibid.*, p. 203). Il est mentionné à diverses reprises dans la correspondance de saint Didier (*Ep.*, II, 5, 16, 18).
2. Salluste, évêque d'Agen, n'est connu que par ce texte et par une lettre que lui adressa saint Didier (*Ep.*, II, 1).
3. Sans doute saint Cybar ; cf. *Introduction*, p. vi.
4. Asterius ou Austerius, évêque de Périgueux, n'est connu que par cette mention. Il existe, en effet, dans la série des évêques de cette ville, une lacune s'étendant depuis la fin du vi° siècle jusqu'au milieu du viii° (cf. *Gall. Christ.*, t. II, col. 1445).
5. Saint Éloi, évêque de Noyon. Cf. *supra*, p. 5.
6. Saint Arnoul, évêque de Metz. Cf. *supra*, p. 5.
7. Sans doute saint Eustase, abbé de Luxeuil, mort vers 625, et dont la vie a été écrite par Jonas de Bobbio (Mabillon, *AA. SS. S. B.* saec. II, p. 116), plutôt qu'un évêque de Toul du nom d'Austrasius, inconnu d'ailleurs, que nomme le ms. B.
8. Deodatus, évêque de Mâcon, signa aux conciles de Paris en 614 (Maassen, *Concil.*, p. 191) et de Chalon-sur-Saône entre 639 et 654 (*Ib.*, p. 213).
9. *Eccli.*, II, 5, et XXVII, 6.
10. *Eccli.*, II, 1.
11. *Psalm.*, CXVIII, 11.

semper[1]. Cujus ego[y] nunc utilitatem, industriam et sagacitatem[z] si arbitror a me dici posse non sapiam; dum enim studium ejus in rebus quamplurimis considero, in memetipsum defficio, dum utilitatem adtendo, pro ipsa sui[a] quantitate[b] vehementer obstupesco; miror enim et supra modum stupeo tanta et talia per unum hominem potuisse fieri. Opinor quidem quod[c] ab India usque Britania[m], a rigida[d] Septentrionis plaga usque ad fervores[e] Atlantici[f] oceani non fuisse[g] meliorem hujus Desiderii. Nomen magnae insuper opinionis magnaeque apud omnes reverentiae, Dei insignis amator et pius pauperum sublevator. Cujus habitus, sermo[h], vultus et incessus disciplina virtutum erat; vigil sensus nec vanis cogitacionibus patens; corpus pariter animusque tendebatur[i] ad caelum. Erat ergo Desiderius oppere justus, mente devotus[j], caritate difusus, in[k] hospitalitate solitus[l], in elemosinis largus, in prosperis et in adversis caelo semper intentus. Qui praeter alia immitanda exempla silentii quoque studium[m] in tantum semper[n] sectatus est ut in domo convivii[o] vix stridentia[p] hanelantiaque verba quis percipere possit[q], sciens scriptum quod *corrumpunt mores bonos confabulaciones pessimae*[2] et quod in *multiloquio non deerit peccatum*[3]. Proinde hoc valde mirandum ut inter tanta[m] hominum frequentia[m] et tam condensa[m] adsistentium[r] caterva[m] tanti possit silentium produrare, ut nemo in voce prorumpere[s], nemo se in plausu auderet extollere, et hic timor non solum inter convivia[t], sed in omni loco conversationis ejus permansit, adeo ut nullus[u] episcoporum majorem hunc

y. ergo *1ª manu* A C. — *z.* sagaciam B C. — *a.* sui *deest* B C. — *b.* quanta ate A. — *c.* quod *deest* B. — *d.* frigida B C. — *e.* sinum B. — *f.* aclantici A. — *g.* fuisse virum meliorem hujus B C. — *h.* sermo *deest* B C. — *i.* tendebat B. — *j.* mente justus opere devotus B. — *k.* in *deest* B C. — *l.* solutus B, *1ª manu* C. — *m.* silentium studium B, silentium quoque studium C. — *n.* semper *deest* B. — *o.* in domo, in conviviis B C. — *p.* ridentia B. — *q.* posset B C. — *r.* frequentiam..... adsistentium *deest* B. — *s.* prorumperet B, prorumpit C. — *t.* in convivio B. — *u.* adeo *deest* B, nullus ut B C.

1. *Psalm.*, XVIII, 15.
2. *I. Cor.*, XV, 33.
3. *Prov.*, X, 19.

amorem, nullus super eum majorem aliquando habuerit timorem. In ipsa autem convivii posicione[v] tantaque elegancia affluentia suppetebat ut omnes superhabundarent, ut nulli deesset, nulla querencium[w] necessitudo, nulla perveniencium musitacio subriperet cunctos[x]. In domos ubi habitare vel discumbere erat sollitus[y], ita sollicite praevidebat, ut nulla[z] ibi pulvis errorem, nullus fumus merorem[a] incuteret; non ibi canes fastidium, non sui studium[b] inrogaba[n]t; non hujuscemodi quadrupedia voluptuosa pocius quam necessaria intererant, non simus jocum, non istrio risum[c], non scurra[d] cac[h]innum excitabat, sed totum quies[e], totum gravitas[f], totum patientia occupaba[t]. Nam praedicta inepta[g] ita semper odiosa habebat, ut si fortuitu[h] quolibet loco canes vestimento ejus propinquassent[i], vel si domum in qua degebat quamvis cursu[j] intrassent, grave sibi discrimen inlatum[k] judicaret. Unde cum a nonnullis[l] pro hac observantia detraheretur et canum amatores[m] proferentur, agebat : « Non inmerito plus placeamus[n] mundo qui Christo displicent, *si ex mundo essemus, mundus utique quod suum erat diligeret*[1]. *Nunc autem oculi mei semper ad Dominum*[o] *quia ipse evellit*[p] *de laqueos pedes meos*[2] et *mihi adhaerere Deum*[q] *bonum est, ponere*[r] *in Domino Deo spem meam*[3] ».

Quid plura loquendo inmorer. nobilem jam insignemque in omni parte ecclesia habebat, in plebe verba vitae manan-

---

v. passione B, possione. C. — *w*. querencium *deest* B. — *x*. cunctas A, convivas B C. — *y*. sollicitus *1ᵃ manu* A. — *z*. nullus B C. — *a*. fimus horrorem B, fumus horrorem C. — *b*. non suae studium A, non sues taedium B C. *Cette leçon nous semble dépourvue de sens, avec l'explication qui suit :* quadrupedia voluptuosa potius quam necessaria. *Nous corrigeons* suae *en* sui, *en interprétant :* « ne demandaient pas à ce qu'on s'occupât d'eux. » — *c*. non istrionum non A, non histriohynum C. — *d*. scurro A C. — *e*. totum quies *deest* B. — *f*. to eum A, totum locum gravitas B, quies locum gravitas C. — *g*. ineptia A C. — *h*. fortuito B. — *i*. canis... appropinquasset B C. — *j*. quavis cursum A. — *k*. allaturum B. — *l*. a nosnuli A. — *m*. canuma amatores A, carmina amatoria B C. — *n*. placet... displicet B, placent... displicent C. — *o*. ad Dominum semper B C. — *p*. evellet B C. — *q*. Domino B C. — *r*. et ponere C.

---

1. Joan., XV, 19.
2. Psalm., XXIV, 15.
3. Psalm., LXXII, 28.

tia *s*; dabat affluenter elemosinam, parans sibi divicias profuturas, thesaurum non deficientem in coelis. *Studebat*[t] *facere sibi amicitias*[u] *de inimico Mammona qui eum reciperent in aeterna tabernacula* [1]. Jam vero privata[v] illius confabulacio et familiaris collocucio, quam esset sana quamquam[w] dulcis, quam efficax, quam subtilis[x] vix dicti[y] credibile. Monebat jugiter subjectos Dei praecepta servare, Dei mandata implere, castitatem custodire, caritatem, fraternitatem[z] diligere, inferni supplicia metuere, paradisi gaudia desiderare. Infferebat autem docens quod magnis[a] inimicorum circumdamur agminibus; ideo nos semper[b] oportet esse sollicitos. Addebat quoque quod caro fragilis pugnat sola cum pluribus, ideo exercitatissimum parari[c] oportet conflictum, quod ne[d] paveamus Heliseus hortatur dicens, *quia pluriores nobiscum sunt quam cum illis* [2]. Memorabat frequenter quod inimicus generis humani[e] *rugiens sicut leo querit*[f] *quem devoret* [3], et quod non querit[f] homines infideles, sed de ecclesia separare[g] festinat. Unde et in[h] libro Job dicitur[i]: *esca ejus electa* [4]. Qua[j] de re Domini verba frequenter[k] geminabat dicens : « *Vigilate et orate, ne intretis in temptacionem*[5] ». Necnon et Pauli monita saepius ruminabat qua dicit : « *Oracioni instate, vigilantes in ea in graciarum accione* [6]. »

IX [16]. Cum autem inrupciones gencium[l] circumquaque audiret dicebat : « Nostris peccatis Barbari fortes sunt; nostris viciis Romanum subcumbet imperium. Infelices, agebat, nos

---

s. namantia A, verba vitae manantia *deest* B, namatia C. — *t.* studens B. studere C. — *u* amicos B, animas C. — *v.* privarat A C, *deest* B. — *w.* quamque B. — *x.* quam subtilis *deest* B. — *y.* dictu B. — *z.* fraternitatis B. — *a.* quo magis B. — *b.* semper nos B C. — *c.* pati B. — *d.* et ne B. — *e.* humani in generis B. — *f.* quaeret... quaeret C. — *g.* reparare A C. — *h.* in *deest* B. — *i.* dicitur *deest* B. — *j.* de qua re verba Domini B. — *k.* frequenter *deest* B C. — *l.* gentilium B C.

---

1. *Luc.*, XVI, 9.
2. *IV Reg.*, VI, 16.
3. *I Petr.*, V, 8.
4. Et cibus ejus electus. *Habac.*, I, 16.
5. *Matth.*, XXVI, 41 et *Marc.*, XIV, 38.
6. *Coloss.*, IV, 2.

qui tantum displicemus[m] Deo, ut per rabiam [n] Barbarorum ira in nos[o] illius desaeviat. Poenitentiam, inquit, agamus, ut tandem repropiciatus Deus misericordiam suam nobis tribuat in sempiternum ». Propterea[p] quantum fuerit Cadurcae ecclesiae[q] in augmentacionem rerum et omnes paene norunt et ipsa possidens ecclesia[r] testatur; multos quidem nobiles, multos adtraxit mediocres per quos ecclesia constat ditata. Multa[s] terrarum compendia, multa villarum praedia adquisivit, non quidem ulli tollendo, sed benefaciendo et cohemendo; eo denique adtra[h]endo[t] multaque beneficia affluenter tribuente, Bobus[u], Agilenus[1], Dodo, Badigenus, Severus[2], Mactregiselus[v], Nicassius[w], Dadivus, Abulnaris[x], Ebremundus[y], Dehurilia[z], Felix, Austrildes[a], Gauretrudes[b], Basena[c], Oroncia, Nicecia, et Fraterna[d], multique alii quos longum est ennumerare[e], res sponte[f] suas donacioni ecclesiae dederunt. In quibus et ex quibus praecipue Bobila[3], senatrix romana, Severi[g] quondam relicta, multa rerum suarum ejus ecclesiae[h] necnon et monasteriis contulit, nec solum[i] praediorum ac villarum conlacione, verum etiam ornamentorum ac pannorum[j] multam summam indulsit, ipsaque in monasterii beati viri et in eadem basilica ubi ipse requiescit sepulturam emmeruit. Dedit autem ad

---

m. displicimus A. — n. ut armis Barb. B. — o. iram nos A — p. Praeterea B C. — q. ecclesiae cadurcae B C. — r. ecclesie A, possidens ipsa C. — s. multo A. — t. attrahente B C. — u. Pobus B, Polus B, B — v. Matregiselus B. — w. Nicassus B C. — x. Abulnans B. — y. Abremundus B. — z. Dehurilia deest B. — a. Ausceldes B. — b. Gauretrides C — c. Basona B, Baseva C. — d. Afrania B. — e. narrare B. ennarrare C. — f. spontes A. — g. Severi deest B. — h. ecclesiae ejus B C. — i. solus A. — j. prediorum A.

---

1. Agilenus doit être le même que le personnage de ce nom mentionné un peu plus loin (c. 17). Une lettre adressée par Abbon, évêque de Metz, à saint Didier (Ep., II, 13), nous apprend qu'il était père de Bobila, la « senatrix romana » dont il est question quelques lignes plus bas.

2. Sans doute le mari de Bobila, également mentionné dans la lettre d'Abbon, citée à la note précédente, et qui est précisément relative à des ventes de biens faites à ou par Agilenus, Severus et Bobila.

3. Sur Bobila, v. les deux notes précédentes. Elle est, en outre, qualifiée d' « inlustris mater familiae » dans une lettre de Paul, évêque de Verdun, à saint Didier (Ep., II, 11), qui avait chargé son ami de s'occuper d'une affaire concernant cette dame. Les noms des autres personnages cités dans ce chapitre ne se retrouvent pas dans la correspondance de Didier.

ipsum monasterium pro oblacionem vel locum[k] sepulturae suae villas quattuor juris sui quarum vocabula sunt haec : Villare[l] [1] scilicet[m], Bassiago[n] [2], Vuistrilingius[o] [3] et Mauringus [4]. Desiderius autem, praeter eos, quos dulcedine et studio bonitatis suae adtraxit, ipse quoque tanto se amore in ecclesiae Cadurcae statu[p] diffundit ut quicquid ex parentum successione, quicquid regio munere, quicquid propria comparacione[q] adquisisset eidem libens ecclesiae per testamenti seriem delegaret[r] : nam et Celerense[s] [5] de fisco ex pago Cadurcino impetravit e regio, ex hoc precepto perpetualiter[t] ecclesiae profuturo[u] obtinuit ; exceptis autem infirmitatis[v] quae suis fidelibus et alumnis diversis in locis concessit, ecclesiae[w] Cadurchae haec specialiter dedit[x].

[17]. DONATIO ECCLESIAE[y]. — In territorio Cadurcino dedit villas : Jovineanicas[z] [6], Ameglado[a] [7], Namiago[b] [8], Pompegiago[c] [9], Herbelingus[d] [10], Auciago[e] [11], Siciniago[f] [12], Elosate [13],

---

k. oblacione... loco B C. — *l.* Villaris B. — *m.* scilicet *deest* B. — *n.* Venestria B C. — *o.* Vinistri ligius B, Vuustris ligius C. — *p.* ampliationem B C. — *q.* successionem... comparacionem A. — *r.* diligeret A. — *s.* Caderense B. — *t.* perperaliter A. — *u.* profuturo *deest* B. — *v.* exceptis aliis firmitatibus quas suis etiam alumnis diversis B, exceptis autem infirmittibus quas suis et alumpnis C. — *w.* ecclesia A. — *x.* delegavit B C. — *y.* DONATIO ECCLESIAE *deest* B. — *z.* Jovineanicas... Darciaco *deest* B, Joviniacas *Lacoste*. — *a.* Damegludo *Lac.* — *b.* Arniaco *Lac.* — *c.* Pampiniaco C, *deest Lac.* — *d.* Herbelingo C. — *e.* Auxiago C, Ausclaco *Lac.* — *f.* Sicciniago C, Siciniaco *Lac.*

---

1. Inconnu.
2. Bayssac, près Bruniquel (Tarn-et-Garonne, arr. Montauban, c⁻ᵒ Monclar), mentionné en 1551 (Lagrèze-Fossat, *Études hist. sur Moissac*, t. I, p. 395).
3. Inconnu ; cf. *infra*, p. 43.
4. Peut-être Maurens, Tarn, arr. Castres, canton et commune Lautrec.
5. Inconnu.
6. Gibiniargues, commune Puycornet, Tarn-et-Garonne, arr. Montauban, canton Molières.
7. Inconnu.
8. Inconnu.
9. ?Pomplac, Lot-et-Garonne, arr. Villeneuve-sur-Lot, canton et commune Castillonès.
10. Inconnu.
11. Auzac, commune Saint-Projet, Lot, arr. et canton Gourdon.
12. Inconnu, à moins qu'il ne faille l'identifier avec le *Siciniaco* où le monastère fondé par saint Didier reçut aussi des domaines, et qui est peut-être Sérignac (*infra*, p. 37, n. 12.)
13. Inconnu.

Affreganiago *g* 1 et Darciaco *h* 2. In Albiense vero territorio dedit villas : Sessio 3, Tantalio *i* 4, Ramingos *j* 5, Tiacio *k* 6, Lautrego 7, Petregontio *l* 8, Maleto *m* 9, Picio *n* 10, Cerviano *o* 11, Ceresiago *p* 12, Murato *q* 13, Buxio *r* 14, Marinio 15, Assone *s* 16, Caborinio *t* 17, Granoialo *u* 18, Marenavas *v* 19, Maricio *w* 20, Aquaviva *x* 21, Marcialio 22, Herobenno *y* 23, Sataialo *z* 24, Blacinaco *a* 25 et Galliaco *b* 26, cum domum eximiam miraeque magnitudinis comptam, infra muros Albiensis oppidi constructam. Dedit adhuc per basilicas monasteriorum Cadurchae positas villas has : basilicae sancti Saturnini et sancti Urcicini *c* 27

g. Afriganiaco *Lac.* — *h.* Arciaco *Lac.* — *i.* Tentalio *Lac.* — *j.* Ramingos *deest* B, Romingo *Lac.* — *k.* Nosio B_1 B_2 B_3, Nasio *B*, Ziasio *C*, Tialio *Lac.* — *l.* Petrogo B, Petroguntio *Lac.* — *m.* Terriniaco B, Terciniaco C. — *n.* Piscio *Lac.* — *o.* Cerveano B, Corviano *Lac.* — *p.* Careciago B, Cereciago C, Ceresiaco *Lac.* — *q.* Marato B. — *r.* Bruxio *Lac.* — *s.* Assone *deest* B, Ossone *Lac.* — *t.* Caborinno B. — *u.* Granciaio B. — *v.* Marinamas B, Marennaves *Lac.* — *w.* Maricio *deest* B. — *x.* Aquimo B, Aquanino C. — *y.* Erobeno B, Erobenno C. — *z.* Faraialo B C. — *a.* Blancinciaco C. — *b.* et *deest* B. — *c.* Urcisiscini C.

---

1. Inconnu.
2. Inconnu.
3. Inconnu.
4. Inconnu.
5. Inconnu.
6. Inconnu.
7. Lautrec, Tarn, arr. Castres, chef-lieu de canton.
8. Peyregoux, Tarn, arr. Castres, canton Lautrec.
9. Malet, com. Montpinier, Tarn, mêmes arrondissement et canton.
10. Inconnu.
11. Serviès, Tarn, arr. Castres, canton Vielmur.
12. Inconnu.
13. Murat, Tarn, arr. Castres, chef-lieu de canton.
14. ?Le Buis, com. Terre-Clapier, Tarn, arr. Albi, canton Réalmont, ou ? le Buz, com. Vabre, Tarn, arr. Castres, canton Vabre.
15. Marin, com. Lombers, Tarn, arr. Albi, canton Réalmont.
16. Inconnu.
17. Cabrin, com. Rouel, Tarn, arr. Albi, canton Réalmont.
18. Inconnu.
19. Marnaves, Tarn, arr. Albi, canton Vaour.
20. Inconnu.
21. Inconnu.
22. Marsal, Tarn, arr. Albi, canton Villefranche.
23. Inconnu.
24. Inconnu.
25. Inconnu.
26. Gaillac, Tarn, chef-lieu d'arr.
27. Église de Saint-Ursicin, dite aussi de Saint-Ursin, à Cahors (Longnon, *Pouillé*, n° 139).

dedit Vidubriaco[d][1], Cleppio[e][2], Saumario[f][3], Lepediaco[g][4] et Toccio[h][5]. Monasterio sancti Stephani[6] dedit villas Aquiniaco[7], Cavanio[i][8] et Cassiaco[9]. Basilicae sancti Mauricii[10] dedit Cavaniaco[j][11] et porcione in Variaco[k][12]. Basilicae sanctae Mariae[13] dedit Cambone[14] et Ossilingus[l][15]. Basilicae sancti Vincenti[m][16] dedit Taxarias[n][17] et loco nuncupante Circoexeno[18]. Basilicae sancti Jacobi[19] dedit Marciaco[o][20] et Petroliaco[p][21]. Basilicae sancti Martini[22] dedit Secretarecas[q][23], Dome-

---

d. Vidubriaco *deest* B, in Dubiaco C. — e. Cleppeo *Lac.* — f. Saumario *deest* B, Favinario C. — g. Legidiaco B, Leppidiaco C, Lapediaco *Lac.* — h. Thoerio B, Thoero ou Toccio *Lac.* — i. Cavanio *deest* B, Savanio C. — j. Dunsiaco B. — k. et... dedit *deest* B. — l. Ossilingius *Lac.* — m. ilicae S. Vincenti *deest* B. — n. TaxoniasB, Taxarips *Lac.* — o. Maciac C. — p. Petrolieco B. — q. Secretarecas *deest* B.

---

1. Inconnu.
2. Inconnu.
3. Inconnu.
4. Peut-être? Léojac, com. Léojac-et-Bellegarde, Tarn-et-Garonne, arr. et canton Montauban.
5. Inconnu.
6. Cette église doit être distinguée de la cathédrale, également placée sous l'invocation de saint Étienne, et est sans doute celle qui fut plus tard consacrée à saint Barthélemy (Lacoste, *Hist. de Quercy*, t. I, p. 222).
7. Inconnu.
8. Inconnu.
9. Sans doute Cézac, Lot, arr. Cahors, canton Castelnau-de-Montratier.
10. Église de Saint-Maurice, à Cahors (Longnon, *Pouillé*, n° 142).
11. Cavagnac, Lot, arr. Gourdon, canton Vayrac.
12. Vayrac, Lot, arr. Gourdon, chef-lieu de canton.
13. Lacoste (*loc. cit.*) identifie cette église avec celle de Notre-Dame de la Daurade, désaffectée de son temps. Quelques maisons en ont conservé le nom (Longnon, *Pouillé*, p. 158).
14. Le nom de Cambon est porté par deux communes et deux écarts du Tarn, dans l'arrondissement d'Albi.
15. Inconnu.
16. Ni le Pouillé du diocèse, ni Lacoste, ne mentionnent à Cahors d'église de ce vocable.
17. Un terroir de Teyssières est mentionné (Moulenq, *Documents sur le Tarn-et-Garonne*, t. II, p. 275) en 1643 dans la paroisse de Castanède (Tarn-et-Garonne, com. Montalzat, arr. Montauban, canton Montpezat).
18. Inconnu.
19. Saint-Jacques, à Cahors. Cf. Longnon, *Pouillé*, n° 146, et Lacoste, *Hist. de Quercy*, t. I, p. 222.
20. Marsac, Tarn, arr. et canton Albi.
21. Peut-être Peyrillac, Dordogne, arr. Sarlat, canton Carlux. Cf. Cabié, *op. cit.*, p. 414, n. 2.
22. Sans doute l'*oratorium* construit par Didier lui-même (*Vita*, c. 9), et sur l'emplacement duquel s'élevèrent plus tard les écuries de l'évêché (Lacoste, *op. cit.*, p. 24).
23. Inconnu.

ciaco [r][1], Cepoialo [s][2] et Veroli [t][3]. Basilicae sanctorum parvulorum Justi et Pastoris [4] dedit Flaviaco [u][5], Cornucio [6] et Cocurnaco [7]. Basilicae sancti Afrecani [v][8] dedit porciones in Alacicio [w][9], Faciscio [x][10], Pollanio [y][11] et Costrio [12]. Basilicae sancti Remedii [13] dedit porcionem in Lautreco [z][14], Carcerio [a][15], Semelingus [b][16] et Criscencio [c][17]. Basilicae sancti Eugenii [18] dedit villa Fesciago [d][19]. Item basilicae alteri [e] sancti Martini [20] dedit villa Theufales [f][21] et Ercitoialo [g][22]. Monasterio autem suo Cadurcae sito [h], ubi ipse in corpore requiescit, dedit villa Nugacio [i][23], Maciriaco [j][24], Can-

r. Danociaco B. — s. Cepo lia B, Copoiaco Lac. — t. et Veroli deest B. — u. dedit Flaviaco deest B, Flaviago Lac. — v. Afrecani deest B et Lac. — w. Malaricio B. — x. Fascito B. Fascitio C. — y. Polonio B, Polanio Lac. — z. porcionem Vilantreco B et Lac. — a. Carrecia B. — b. Semelingas B, Smilingus Lac. — c. Criscentio B C Lac. — d. Fosciaco B Lac., Fesciaco C. — e. antedicti B, ateri C. — f. Teufalas B, Tchuphales C, Tuffalus Lac. — g. et Parnis et Lalo B Lac, et Ercons et Ialo C. — h. situm A. — i. Nugacio deest B. — j. Marciliaco B Lac.

1. ? Donzac, Tarn-et-Garonne, arr. Moissac, canton Auvillars.
2. Inconnu.
3. Un « prior de Veruli » est mentionné à côté de Meyrignac-le-Prancal (com. Rocamadour, Lot, arr. Gourdon, canton Gramat). Cf. Longnon, Pouillé, n° 366.
4. Inconnu.
5. Flaugnac, Lot, arr. Cahors, canton Castelnau de Montratier.
6. Cornus, com. Cenevières, Lot, arr. Cahors, canton Limognes.
7. Congournac, com. Puycornet, Tarn-et-Garonne, arr. Montauban, canton Molières.
8. Inconnu à Cahors. M. Cabié, op. cit., p. 416, suppose que, contrairement aux indications du texte, il peut s'agir d'églises en dehors de Cahors, ici de Saint-Affrique d'Albi.
9. Inconnu.
10. Inconnu.
11. Inconnu.
12. Inconnu.
13. On ne connaît pas d'église de ce nom à Cahors.
14. Lautrec, Tarn, arr. Castres, chef-lieu de canton.
15. ? Carcés, com. Lauzerte, Tarn-et-Garonne, arr. Moissac. Cf. Longnon, Pouillé, n° 644.
16. Semalens, com. Maurens, Tarn, arr. Lavaur, canton Cuq-Toulza.
17. Creyssens, Lot, com. Le Boulvé, arr. Cahors, canton Montcuq.
18. Peut-être saint Eugène-de-Vieux en Albigeois, selon Cabié, op. cit., p. 416) mais cf. supra, n. 4.
19. Foissac, Tarn-et-Garonne, canton Montauban.
20. Inconnu.
21. Touffailles, Tarn-et-Garonne, arr. Moissac, canton Bourg de Visa.
22. En adoptant la variante du Ms B, on pourrait songer à Pern, Lot, arr. Cahors, canton Castelnau-de-Montratier.
23. Inconnu.
24. Inconnu.

niaco[k][1], Criscentio[2], Satiago[l][3], Brocingus[m][4], Elariago[n][5], Epoturio[o][6], Arividus[p][7], Anglares[q][8], Goivillas[r][9], Parnaco[10], Cadurcio[s][11], Sicinaco[t][12], Lepediago[u][13], Bonogrado[14], Camino[15], Bodurno[16] et Elesate[v][17]. Deditque ibi ex conlatione inlustris viri Agileni[w][18] villa Prisciago[x][19], Gausiavigo[y][20] et Marcelliago[z][21].

Sed quis valeat digno canere praeconio vel[a] quanta pio hortatu[b], vel quanta[c] operis studio Cadurcinae ecclesiae contulerit, quanta ob animarum medela[d] incitamenta, quanta ob corporum compendia[e] exercitia gesserit, quod singulari studio hac paene inaudita ingenio[f] omni tempore moenia[g] urbis suo labore extruxerit[h], quod villas omnes praediaque[i] ecclesiae insigni studio[j] decoraverit[k], quod

k. Caruniaco B₁ B₃, Caviniaco B₂, Carvuiaco B, Caruniaco ou Caniaco Lac. — l. Satiago deest B, Satiugo ou Saliago Lac. — m. Prosemogo B, Procingus C, Proscingus Lac. — n. Montiago B, Montiago Elariaco C, Elayrago Lac. — o. Epoturio... Elesate deest B, vel Poturio C, Poturio Lac. — p. Arivigus C. — q. Angiaco C. — r. Sovillas C. — s. Catussio La.. — t. Sirinago Lac. — u. Lepodiaco C Lac. — v. Alesate C. — w. Agiles B, Agilem (sic) C, villa deest B. — x. Pisciaco B, Prissinaco C. — y. Gaucinico B, Gausivico C, Cassiavigo Lac. — z. Marceliago B, Marseillago Lac. — a. vel deest B. — b. hoctatu A optatu B C. — c. quanti B. — d. medelam F. — e. stipendia B C. — f. inauditu in jejunio A. — g. moeniam A. — h. struxerit B. — i. quot villas omnes, quae praedia B₁ B₂ B₃, quod praedia b, omnesque praedia C. — j. insigni studio deest B. — k. decoravit C.

1. Caniac, Lot, arr. Gourdon, canton La Bastide-Murat.
2. Cf. p. 36, n. 17.
3. Sayssac, com. Viterbe, Tarn, arr. Lavaur, canton Puylaurens.
4. Inconnu.
5. Inconnu.
6. Inconnu.
7. Inconnu.
8. Anglars, indiqué par la carte de Cassini près de Castelfranc, Lot, arr. Cahors, canton Puy-l'Évêque, plus vraisemblablement qu'Anglars, Lot, arr. Figeac, canton La Capelle-Marival.
9. Inconnu.
10. Parnac, Lot, arr. Cahors, canton Luzech.
11. Catus, Lot, arr. Cahors, chef-lieu de canton.
12. La variante donnée par Lacoste permettrait d'identifier avec Sérignac, Lot, arr. Cahors, canton Puy-l'Évêque.
13. Cf. supra, p. 33, n. 4.
14. Inconnu.
15. Cami, com. Luzech, Lot, arr. Cahors, canton Luzech.
16. Inconnu.
17. Inconnu.
18. Cf. c. 16 et p. 32.
19. ? Prayssac, Lot, arr. Cahors, canton Puy-l'Évêque.
20. Inconnu.
21. Marcillac, Lot, arr. Figeac, chef-lieu de canton.

sui¹ monasterii saepta praerogativa quadam dignitate ᵐ in sublimium domorum amplitudine et basilicarum miranda ⁿ altitudine ac volucionum ambienda pulcritudine insigni ᵒ paene ac ᵖ singulari fabrica sustulerit. Denique primam inibi basilicam ᑫ more antiquorum praecipiens, quadris ac dedolatis lapidibus aedificavit, non quidem nostro galli[cano]que ʳ more, sed sicut antiquorum murorum ˢ ambitus magnis quadris extrui ᵗ solet; ita a ᵘ fundamentis usque ad summa fastigia quadris lapidibus opus explevit ᵛ; cui geminos summo porticus adiciens, opere adsimilavit. In quibus quidem et in cuncto ʷ episcopatus sui statu tanto se accinxit studio, tanto fudit ˣ ingenio, ut quicquid ad hutilitatem ornatumque municipii ac praediorum ejus pertinent exquisierit ʸ, ventilaverit, invenerit atque [er]exerit, et licet haec magna sint consideratione sui, sed majora illa sunt interna exercicia quae silencio magis quam infirmo sermone obumbranda sunt ᶻ. Cujus erat sensus pulcherrimi nectaris suavior et cigneo ᵃ canore vox dulcior, ac proinde nihil illius severitate jocundius, jocunditate nihil severius, nihil risu ᵇ tristius, tristicia nihil suavius; ita erat gravitas in vultu ut ilaritas non deesset in animo. Sermo silens et silencium loquens ᶜ ut ministri ipsius motu ᵈ pocius quam voce affectus ejus cognoscerent ᵉ. Paulus quidem videbatur in vultu ᶠ, Petrus agnoscebatur in spiritu. Illius austeritatem hujus mansuetudine temperabat, ita ut cum presentiam ejus vix sustineris, absentiam ferre non possis ᵍ. Preterea vir beatus ʰ habebat amicum fidelissimum quendam inclausum ⁱ nomine Arnanum ʲ¹. Huic autem saepissime elemosinam suam com-

l. sui *deest* B. — *m.* dignitatem A. — *n.* admiranda B. — *o.* pulcritudinem insigni A. — *p.* pene studio ac B. — *q.* inibi more antiquorum basilicam B C. — *r.* Gallicove C. — *s.* moror. A. — *t.* magnisque quadrisque saxis exstrui B C. — *u.* ita a *deest* B C. — *v.* usque... explevit *deest* B C. — *w.* cuncti B C. — *x.* et tanto effudit B C. — *y.* exquisierunt A. — *z.* erant B C. — *a.* digneo A, digno B C; *nous proposons* cigneo, *dont la graphie est voisine de celle de* digneo, *alors que* digno *n'a aucun sens*. — *b.* visu B. — *c.* eloquens B. — *d.* nutu B C. — *e.* ipsius agnoscerent B C. — *f.* vultu et Petrus B. — *g.* sustineret... posset B C. — *h.* Preterea vir beatus *deest* B. *i.* inclausum *deest* B C. — *j.* Arvanum B C.

1. Sur ce passage, cf. Introduction, p. iii-iv.

mendans, ejus per officium in corde pauperum transmittebat; plerumque autem tales *k* ei sacculos cum solidis ad erogandum tradebat, qui vix manu capi levarique possint. Ista quidem occulte *l* et solo Deo conscio, veluti quendam peculiarem faciens, in patria Paradisi transmittebat. Palam tamen ejus errogatus *m* indesinenter pauperibus spargebat; abscondi quippe non poterat tam larga bonitas et nimia largitas tamque proflua dispensatio. Isteque Arnanus ex genere *n* Scotorum veniens multos annos *o* sub coenobio sancti viri ac sub ipsa basilica qua vir beatus requiescit vitam venerabilem duxit, vixitque post *p* mortem beati Desiderii annis plus minus quinque, atque *q* demum obiens in ipso specu *r* ubi remotiorem vitam duxit humatus quiescit. Sed dum venerabilis Arnani *s* mentionem fecimus *t*, dignum puto commemorare quod per ejus occasionem vir beatus ex dono propheticae experimento cognovit. Siquidem et nonnunquam ex dono *u* supernae gratiae ita longe positus *v* praevidebat ut in sui praesenciam *w* gesta constarent. Hinc est quod rei hujus *x* quam narro idoneus *y* testis existens, spiritum sibi *z* prophetiae agnitum demonstravit. Ergo studium erat viro *a* egregio Desiderio de hujus peregrini stipendio sedulam sollicitudinem gerere, adeo ut singulis *b* diebus ex mensa sua oportuna ei alimonia subministrare curaret. Quadam itaque die, consuetos cibos cum panis et poculi subsidio *c* per duos ei clericos dirigere studuit; quorum unus Leodolenus *d*, alter vero vocabatur Dracolenus *e*. Clerici itaque ferentes ea quae episcopus viro Dei direxerat, dum iter carpent, malo utuntur consilio, et medio ferme viae excursu, cum se ab omnibus remotos conspicerent, gulae concupiscentia vincuntur; denique, tam suavitate ciborum quam

k. autem deest B, *ei tales* B C. — *l.* occulta B. — m. errogatur A, *palam tamen multos erogabat sed indesinenter eos pauperibus spargebat* B, *palam tamen ejus erogat* C; *nous interprétons en considérant* erogatus *comme un substantif*. — *n.* Iste Arvanus de genere B C. — *o.* multis annis B, indultis annis C. — *p.* vixit autem post B C. — *q.* atque *deest* B C. — *r.* in ipso specu *deest* B. — *s.* Arvani B C. — *t.* facimus B C. — *u.* ex Dei dono B C. — *v.* possi A. — *w.* praesencia B C. — *x.* ejus B C. — *y.* idoneus *deest* B. — *z.* scilicet B, sancti C. — *a.* juge B, iugo C. — *b.* ideo singulis B C. — *c.* subsidia A C. — *d.* Leudolenus B. — *e.* Diacolenus B.

vini flagrantia *f* incitati, inlecebro se *g* gulae consentiunt. Promotique eminus de via et inter condensas arbuxus residentes, ea quae portabant praesumunt, affluenterque vini ac cibi perceptione ventrem ingurgitant, exsaturatique nimium *h* quod esu supererat accurati valde recondunt et *i* ita super redeunt *j*. Inde post trium *k* vero orarum excursu[m] *l*, ut putent *m*, servo Dei redeuntes, episcopum adeunt eique velut innoxii adsistunt. Tum *n* prior Leodolenus *o* genu praesulis exosculans, quasi ex viro Dei gratias accitare *p* ac salutaciones conatur exponere. Cujus verba in medio ferme conati *q* praeveniens Desiderius, spiritu Dei sibi revelante, ait *r* : « Bene, inquit, belle *s* mentiris: cur ita me fraudare voluisti? Patrem hodie Arnanum *t* minime vidisti et quae ei direxeram male usurpasti. Numquid non *u* in presentia *v* aderam, quando inter condensas *w* saltus residens cibos quos Dei servo direxeram comedebas? Numquid non praesens eram quando vinum bibebas et panem clangule *x* edebas? » Cumque ille adhuc defendere niteretur et furti culpam perjurii adjectione cumularet, protinus ab episcopo jussus foris tra[h]itur et pro geminata culpa acrius *y* cohercetur. Alterum vero qui erat junior tempore prae *z* se episcopus retentum blande demulcet ut omnia sibi quae egerint per ordinem manifestet. Clericus vero, cum se deprehensum vidit, cuncta coram omnibus sicuti gesta erant et episcopus jam praedixerat exposuit, et ita misericorditer dimissus ab ultione culpae liber evasit. Haec autem causa multis demum e[t] reverentiam et emendationem ingessit, ut nemo jam beato pontifici *a* mentire praesumeret, dum nihil ei quisque latere ambigeret *b*.

X. [18]. Desiderius autem amplius cottidie in amorem Cadurcinae ecclesiae coalescens *c* ipsam et haeredem *d* habuit et haeredem *d* instituit. Denique sub anno sexto decimo

---

f. fragrantia B, fragantia C. — *g.* illicebrosae B, illicebrase C. — *h.* minimum B. — *i.* et deest B C. — *j.* super se... B. — *k.* In postrium A. — *l.* spatium B. — *m.* ut putabant B C. — *n.* verum B. — *o.* Leodolenus B. — *p.* referre B. — *q.* connati A, conatu B. — *r.* ait deest B C. — *s.* lelle A C. — *t.* Arvanum B C. — *u.* vero B C. — *v.* praesenti B C. — *w.* condensos B C. — *x.* clangule deest B, clanculo C. — *y.* agrius' A. — *z.* praeesse A, prece C, deest B. — *a.* pontifice A. — *b.* praesumeret B. — *c.* calescens B. — *d.* haereditatem.... haereditatem A.

Sigiberti[e] regis[1] testamentum condens, praeter villas supra jam dictas omne praesidium cunctamque suppellectilem, quae[f] habere potuit, sanctae matris Cadurcae ecclesiae[g] [dereliquit][h]. De pristino vero ecclesiae praesidio nihil minuit[i], sed totum integrum inlibatumque reliquit. Cui ecclesiae quam humiliter, quam dulciter[j] quamque[k] affectuose haec[l] eadem obtulerit[m], melius agnoscitur[n] si verbis ipsis sicut dixit et scripsit intimetur; inter caetera vero et ad locum in seriem testamenti sui ita posuit : « De praesidio, inquit, meo vestimenta, scamnalia, mensalia et lectuaria[o], aurum vel argentum, quod ex successione parentum [h]abeo vel quod in regis aula et in servicio principum elaboravi[p] et mecum veniens detuli, quicquid exinde adhuc superest, quod in ornatum[q] est, aut ministerium[r] tuum, sancta mater ecclesia Cadurca[s], non inpendidi[t], totum et ad integrum tibi possidendum[u] relinquo, tuaeque juris[v] dono, trado atque transcribo, precorque[w] ac obtestor ut nullus successorum meorum quicquam exinde ex tuo gremio ex quo tibi in ornatum tuum feci vel thesauro tuo[x] indidi auferre praesumat. Argentum vero tuum vel reliquas species tunc[y] tuumque praesidium quod in tuo reposito, sancta mater ecclesia, haeres mea, inveni, totum salvum[z] relinquo; nihil enim exinde spendidi[a], nihilque[b] minui, nec ulli quicquam dedi, sed sicut mihi est sub oculis Dei traditum, ita totum salvum relinquo. Liberos[c] vero meos tibi, sancta mater, ecclesiae[d] tuoque advocato, successori meo, commendo;

e. Sigeberti B. — f. quam B. — g. ecclesiae Cadurcae B. — h. dereliquit deest A. — i. tenuit B. — j. dulciter deest B. — k. quo deest B C. — l. et B. — m. obtulit B. — n. cognoscitur B C. — o. electubilla B, electutilia C. — p. et laboravi A. — q. ornatu B C. — r. est et quod ad min. B C. — s. Cadurca deest B. — t. impendi B C. — u. possidendum tibi B. — v. tuoque juri B C. — w. precorque deest B. — x. vel in thesauro B C. — y. tunc deest B C. — z. totum inveni, salvum B C. — a. expendi B C. — b. quo deest B. — c. Libros B. — d. tibi matri ecclesiae B C.

1. En comptant les années du règne de Sigebert III, à partir de son premier avènement en Austrasie, sa seizième année s'étendrait du commencement de 649 au commencement de 650, mais d'après le début du c. 19, les années de Sigebert III sont ici comptées à partir de la mort de Dagobert I (19 janvier 639); dans ce cas, la seizième année s'étend du 19 janvier 654 au 18 janvier 655.

semper, quaeso[e], virtute sanctitatis tuae ab insidiis quorumcumque[f] defensentur, ut sub tuo se patrocinio pervenisse congaudeant. Pauperes autem tuos, quos ego semper pervigili cura ac sollicito studio[g] enutrivi, tibi commendo, precorque ut tua sanctitate et advocati tui sollicitudine alantur et pie semper gubernentur, sic quoque ut me absentem esse non sentiant[h], nec se doleant pastorem mutasse ». Huc usque Desiderius. — Nos vero libenter fatemur quod neque pauperes[i] patrem[j], neque[k] ecclesia pastorem post ejus abcessum similem ei [h]abere potueri[n]t. Sed interim jam a locucione[l] cessandum est, jam praeconiorum[m] ejus haec[n] finem pagella imponat; nunc ad terminum vitae ejus articulum deflectamus, et qualiter de hac luce migraverit[o] explicemus.

XI [19]. Dag[o]bertus rex, sexto et decimo[p] regni sui anno administrato, pacifice obiens, duobus filiis Flodoveo[q] [1] et Sigoberto[r] [2] regni sceptra reliquid, et Flodoveus quidem regnum Francorum, Sigobertus autem Austrasiorum regnum gubernavit. Hujus Sigoberti VII et decimo[s] regni anno, episcopatus autem sui vicesimo et VI[t] [3], parat Desiderius solum proprium[u] paternae possessionis Albigense[v] territorium visitare. Profectus igitur[w] nobili suo commitatu rura Albigiensium adiit. Cumque jam Dominus pro[x] cunctis eum laboribus vellet[y] remunerare, jussione[z] missa arcessire[a] famulum[b] jubet, moxque febre correptus taediari[c] coepit;

---

e. quero C. — f. quorumque B. — g. ac sollicito studio *deest* BC. — h. me absente sibi aliquid deesse non sentiant B. — i. parciperes A. — j. neque... patrem *deest* B C. — k. nullum B C. — l. allocucione A. — m. praeconiis B C. — n. hic B. — o. ab hac vita migravit B, migravit C. — p. Rex Dagobertus decimo sexto B C. — q. Clodoveo B. — r. Sigiberto B C. — s. XVII B C. — t. XXIII B C. — u. proficisci B. — v. Albiense B. — w. ergo B. — x. per A. — y. vellit A. — z. visione B. — a. accersiri B C. — b. famulum *deest* B C. — c. taediari *deest* B C.

---

1. Clovis II, roi de Neustrie et de Bourgogne à la mort de Dagobert I (janvier 639), mort fin 657.
2. Sigebert III, roi d'Austrasie au commencement de 634, mort en février 656.
3. Sur cette date, cf. Introduction, p. xiii.

deinde amplius aegritudine vallatus, Vuistrelingus[d] [1] in villa monasterii sui lectu decubuit. Sic sensi[m] [e] paulatimque decora illa[f] facies et omne margaritum preciosi odoris[g] tociusque dignitas corporis marcescere coepit. Cumque aestuaret febribus et venarum fontes calor hauriret, lasso[h] anhelitu triste ministrorum frequentabatur officium. Pro dolore! f[l]ante[i] austro li[li]i[j] candor et purpura[k] violicae[l] in pallorem jam sensim migrat[m], universis circa flentibus, ipse valde defessus[n] pio omnes hortatu consolabatur, et cum esset fortis animo, in ipsa quoque morte viriliter se agebat. Post tandem ergo, ultimo cunctis[o] vale dicto[p] et oracione ad Dominum praemissa, sub die septimo decimo[q] kalendarum decembrium ultimum spiritum exalavit. Subitus repente clamor exortus[r] totum[s] villae amplitudinem clangoribus replevit, omnesque plateas currente nuntio confusus rumor obsedit. Quid multa? compositum mox honestissime corpore feretroque inditum, iter arripiunt, profectusque est exercitus copiosus et multa populi turba in obsequio funeris. Cumque Albiensium[t] rura praeterissent et terminus[u] Cadurcorum penetrarent, mulier quaedam quae infestissima daemonis incursione[v] patiebatur, egressa a finibus illis et pergens post turbam, magnis et turbatis clamoribus praetereuntes fatigabat. Cumque saepissima[w] in clamatio[ne][x] nomen defuncti praesulis geminaret[y], omnes fere in sui admiratione cum ingenti stupore convertebat, donec post longum viae circuitum ventum est ad praedium [cui] vetus

---

d. Vuistrelingus *deest* B Vuisti elingus C. — *e.* sensi *avec m gratté* A. — *f.* illi B. — *g.* preciosi o////r. tocius A, et omni... pretiosi odoris... B. — Margaritum (cf. Ducange, sub verbo) *est un vase en forme de croix, destiné à renfermer certaines reliques. Nous interprétons par « vase de précieuse odeur », métaphoriquement et prétentieusement appliqué à saint Didier.* — *h.* lapso B C. — *i.* afflante B, efflante C. — *j.* austrolii A. — *k.* pospora A. — *l.* violae B C. — *m.* migraverat B C. — *n.* fessus B C. — *o.* omnibus B. — *p.* vale..to A. — *q.* XIII B C. — *r.* exortus *deest* B. — *s.* totius B C. — *t.* Albigensium B. — *u.* terminos B C. — *v.* infestissimam daemonis incursionem B C. — *w.* saepissime B. — *x.* damatio A. — *y.* ingeminaret B C.

---

1. Wistrelingus avait été donné par Bobila au monastère fondé par saint Didier (*supra*, c. 16, p. 33). On a quelquefois identifié ce lieu avec Saint-Géry, com. Rabastens, dans le Tarn, mais sans fondement sérieux. Cf. Cabié, *op. cit.*, p. 414.

antiquitas Milliacum [1] vocabulo [z] indidit. Ubi cum numerosa exsequiarum frequentia aput [a] corpus preciosissima praesulis pervenisset, mulier turbatis clamoribus omnem paene catervam in maximo stupore deducebat [b]; torquebatur enim inpurus spiritus quia virtute divina illuc se videbat abduci [c] ubi maximam vim perpeti formidabat. Milliacho [d] ergo corpus est positum [e]; mulier vexata spumans et multum se discerpens adsistet; cumque ut ferus taurus vehementer debacharetur et nunc torvis oculis, nunc pallentibus genis, nunc spumantibus hac trementibus labris diversis modis torqueretur, feretro tandem adjuncta prosternitur. Mox autem ut supergecta feretri [f] velamina tetigit, divino jussu fugatus daemon aufugit, et sic [g] ad gloriam Christi et laudem praesulis Desiderii mulierem liberam [h] sanamque [i] reliquid. Ex quo facto omnes qui aderant in admiratione [j] conversi gratiam Christi et merita confessoris Desiderii glorificabant. Deinde ergo corpus levatum [k] cuncti paulatim [l] Quintiago [m] atque Atiago [n] praetereunt [o]. Cumque post tandem cum corpus preciosum Kadurce proximarent, quo acervatim populositas per diversos aggeres se fundens [p], obviam extincto patri processit, nullus monachus domi resedit [q] qui non obviam pastori procederet. Lugebant autem omnes quem confuso plangebant [r], et inter diversos gemitus haec solum verba resonabant : « Eu Desiderii, eu [s] ! clamabant cuncti, pastor bone, cui [t] nos dimittis, cui gregem tuum fovendum commendas [u] ». Clerus nimirum plangebat patrem, abbates [v] pastorem, parvuli nutritorem, senes tutorem, viduae protecto-

---

z. vocabulum B C. — a. ante B C. — b. adducebat B. — c. adduci B. — d. Miliaco B, Milliaco C. — e. ergo corpore posito B. — f. feretri deest B, supergesta feretro C. — g. sicque B. — h. liberam deest B C. — i. que deest B. — j. admirationem B. — k. corpore levato B C. — l. certatim B C, paulatim e manu A. — m. Vinciagium B, Vintiagum C. — n. Aciagum B C. — o. praetereunt deest B. — p. se fundens deest B. — q. recedit C. — r. omnes confuso clamore clangebant B C. — s. Eheu, Desideri ! Eheu B. — t. vere, cur B. — u. commendas fovendum B C. — v. abbas B C.

---

1. Milhac, Tarn-et-Garonne, arr. Montauban, canton et commune Caussade. Cf. Cabié, op. cit., p. 412.

rem, egeni adjutorem [w], pupilli defensorem, et, ut breviter conplectar, tota eum civitas, tota simul planxit ecclesia.

[INCIPIUNT MIRACULA] [x].

Perductus itaque ad suum monasterium hac sepultus est in ecclesia quam ipse, ut supradiximus, insigni opificio ex utraque parte supervolutis [y] tectis [z], quadris hac dedolatis lapidibus [a] aedificaverat, ubi diligenter humo tectus aeterna in requie quiescit soporatus, ibique vallatus tumba surrecturus jacet in gloria [1]. Sed quibus post haec [b] miraculorum effulserit signis dignum est et [c] me commemorare et [d] cum vos desideratis audire.

MIR. I. — Clericus quidam, nomine Theudolenus, dum vir beatus esset superstis, frequenter ab eo pro assiduis excessibus arguebatur. Cumque ille obisset et, ut dictum est, jam humatus extaret, praedictus Theudolenus exultans super ejus morte cum cachinno [e] exprobracionis elata verba ac convicia [f] proterva et injuriosa non timuit jaculare. Qui contra statum suum locutus divina [g] inter se [h] indignacione ob injuriam sancti sensit demum vindicari [i]. Nam ex eo tempore miseranda [j] debilitate obpressus, omnes dies vitae suae cum dedecore duxit, ita ut et officium manus dexterae amitteret et a pedis gressu inpediretur [k] et linguae husu denudaretur [l]; siquidem tortus incedens hac turgidus pravitatem torosae [m] mentis exemplo debilitatis monstrabat. Nec passus est Dominus contumacem servi sui [n] celeri

---

w. egeni adjutorem *deest* B C. — x. INCIPIUNT MIRACULA *deest* A. — y. volutis *deest* B. — z. acctis A. — a. dedolatis lapidibus *deest* B. — b. mortem B. — c. et *deest* B C. — d. et *deest* B, etiam C. — e. cancinno A. — f. elatea verba propter verba proterva A. — g. locutus et divina B. — h. inter se *deest* B. — i. judicium B C. — j. miranda B C. — k. impenderetur A. — l. denutaretur A. — m. tortuosae B C. — n. sui sancti B.

---

1. Le corps fut à une époque postérieure transporté dans l'église cathédrale et placé dans la chapelle de Saint-Sauveur, mais ces reliques furent dispersées en 1581, lors de la prise de la ville par les protestants (La Croix, *Series episc. Cadurcensium*, p. 29).

interitu conpendium mortis finiri, sed divino flagello ad terrorem multorum rebellem voluit ᵒ coherceri.

Quaedam quoque mulier ex parte Caucinicha ᵖ Senomagense ¹ veniens, similiter super ejus mortem visa est exultasse. Quae ᵠ et ipsa simili modo castigata non simili exitu perpessa est; nam divina ultione percussa ʳ, nervorum subita contraccione dampnata est, adeo ut sicut iricius conplicata in modum glomeri volutaretur, nullamque spiritus sui requiem neque per diem neque per noctem capisceret, donec adfinium praecursione ˢ ejusdem consultum votorum sponsio ᵗ cum piaculi satisfactione praecederet ᵘ. Diem igitur annualem deposicionis ejus adventantur ᵛ parentes contractae foeminae, votorum munera simul cum foeminam debilitate obpressam beato confessori offerunt. Quam in manibus ʷ ante sepulcrum proicientes, subnixas preces cum satisfaccione piaminum inportune atque oportune ingerunt. Et factum est ˣ, cum diu precibus insisterent multumque jemitibus satisfacerent, erecta mulier sanitatem recepit, atque ita ad domum propriam cum magna jam hylaritate maximaque suorum gratulatione ʸ rediit. Sicque ᶻ factum ᵃ est ut, quae laborioso vehiculo fuerat adducta, libero gressu remearet ad propria ᵇ. Gloria ᶜ, Christe, tibi, tua sunt opera, tua ubique fulgent magnalia, etenim quae ᵈ servi tui faciunt tuis beneficiis consecuntur.

Mir. II. — Post aliqua temporis curricula mulier quaedam ex praedio ecclesiae Blandiacense ², quod adjacet fluvio Dornoniae ᵉ, caeca effecta, plurimum tempus laboriose valde ducebat ᶠ. Haec quandoque Dei miseratione admonita

---

o. voluit *deest* B. — p. Causuncha B C. — q. quod B C. — r. percussa *deest* B. — s. adfinium praecursione *deest* B, assumit in precursione C. — t. sponso B C. — u. crederet B. — v. die... annuali... adventante B C. — w. quanque manibus B quamquam in manibus C. — x. est *deest* B C. — y. congratulatione B C. — z. utque A. — a. factum B. — b. ad propria *deest* B C. — c. Gloriosa B. — d. quod B. — e. Dordoniae *b* C. — f. ducebatur B₁ B₂ B₃.

---

1. Inconnu.
2. Peut-être Blanzaguet, com. Pinsac, Lot, arr. Gourdon, canton Souillac.

in visionem sibi dicebat jussum ut ad*a* sepulcrum beati Desiderii medendi gratia expeteret. Ducta itaque est ad urbem adque ad basilicam sancti viri a duobus filiis suis oblata, ubi parvo spatio excubans, confessore intercedente et aeterna Christi pietate largiente, lumine recepto ad propria remeavit. Sicque factum est, ut quae alieno ducatu cum labore venerat inpingendo, proprio jam arbitrio usu recepto gaudens rediret ad domum; siquidem cunctis qui aderant*h* stupentibus praeibat exultans, viam carpens et viae ducem ulterius non requirens.

Mir. III. — Inter haec miranda res se memoriae objecit, quam divino jussu actam reor, ut pro haec*i* Dominus clarius ostenderet merita sui antistitis, quam preciosa apud eum constarent, cujus ob honorem claritas miraculi emicuisset, cunctisque*j* occasio expetendae madelae oriretur, dum divina actam*k* pietate rem nullus ambigeret. Itaque dum baculum*l* beati viri, quod*m* a Gal[l]is cambutta*n* vocatur*o*, ad caput sepulcri illius sedule dependeret, quadam die*p* subita infusione madefactum*q* uberrime guttis manare olei coepit*r*. Ad quod miraculum multi adgregati ingenti stupore tenebantur, adtoniti quidnam facto opus esset*s*. Quidam autem altiores*t* consilii medendi gratia id fieri ex divina praestantia denuntiant*u*. Quod demum factum est. Nam quotiens deinceps*v* aegri adveniunt, baculum ipsud aqua perfusum ac tenuiter lavatum incommodantibus*w* datur et multis per hoc sanitatis bona tribuuntur. Adiciatur et*x* illut quod actus tulit miraculum*y* 1.

Mir. IV. — Quodam itaque tempore Aregius 2, Rutena

g. ad *deest* B. — *h.* qui aderant *deest* B. — *i.* per hanc B, pro hac C. — *j.* cunctusque A. — *k.* actum A. — *l.* baculus B C. — *m.* qui B C. — *n.* cambucia B C. — *o.* vocant A. — *p.* die *deest* B C. — *q.* madefactus B C. — *r.* guttas aquae manare caepit B C, alii coegit A. — *s.* adtoniti... esset *deest* B, admirati quidnam esset facto opus C. — *t.* altioris B C. — *u.* illud hoc fuerit ex div. praest. datum denuntiant B C. — *v.* deinceps *deest* B. — *w.* incommoditibus A, incommoditatibus BC. — *x.* etiam B C. — *y.* quod actus retulit miraculum actus B.

---

1. Sur ce passage, cf. *Introduction*, p. ix.
2. Aregius ou Aredius, évêque de Rodez, est inconnu d'ailleurs. — Sur son frère Agarnus ou Awarnus, évêque de Cahors, cf. notre *Introduction*, p. iv-vi.

urbis episcopus ᶻ, fortissima aegritudine correptus, graviter laborabat per dies plurimos, cumque multimoda medicorum argumenta ei sedule inpenderentur ᵃ, nihil prorsus proficere poterant, sanctorum e diverso adminicula quaerebantur, sed nec sic recuperare valebat. Nolebant enim sancti marthyres ei sanitatis commoda praestare, ut quanta esset in Desiderio virtus facillime declararent. Aregius ᵇ ergo adflictus, cum nullum perfugium ᶜ in tota urbe sua, neque medicorum industria, neque sanctorum adminicula ᵈ, possit invenire, tandem post quinque mensium curricula ᵉ ad exteram ᶠ urbem atque ad auxilium sancti Desiderii tota se mente convertit. Accito itaque viro strenuo vocabulo Telaro ᵍ, ad sepulchrum beati viri Cadurcae sub oppido cum muneribus diriget, poscitque ut quamvis esset laboriosum quantocius pergeret atque ʰ ex ⁱ eo aquae liquore ʲ qui illic gratia sanitatis largitur sibi deferre[t]. Perrexit itaque ad urbem ᵏ Cadurcam Telarus ˡ, memoriam beati Desiderii adiit, munera intulit, bacterium ᵐ sancti viri lavari deposcit; cursu concito Ruteno ⁿ rediit, episcopum ᵒ decupantem atque in extremis positum invenit, quem consolari studuit ᵖ, seque sanitatem illi detulisse promisit. Mira res et vehementer stupenda : cumque vascula reserata ᑫ aquam proferre speraret, vinum efulsit ʳ tantaque flagrantia ˢ ex ut[r]is ᵗ emanavit, ut in grande[m] stupore[m] ingensque miraculum ᵘ omnes converteret. Tantus quippe eximii saporis, nec inter vini saporis ᵛ efulsit, ut nunquam se aliquis hujuscemodi falernum auxisse recoleret. Bibit ergo episcopus cum magno tremore et inmensa admiratione ʷ, et cum ipso hausto mox sanitatem recepit ac multo post tempore incolomes ˣ mansit. Nam ita celer subsecuta est sanitas, ut eo die cum

z. Quodam... episcopus *en onciale* A, Aredius B C, Ruthene episcopus urbis C. — a. impertirentur B C. — b. Aredius B C. — c. profugium C. — d. per... industriam, nec per... adminicula B. — e. curricula *deest* B, tempus *suppl.* b — f. Caturcam B C. — g. Thelano B, Thelaro C. — h. et que A. — i. ex *deest* B. — j. liquore aquae B. — k. civitatem B C. — l. Thelanu sB, Thelarus C. — m. bacterium *deest* B. — n. Ruthenis B C. — o. spm. A, *deest* B C. — p. consolari *deest* B, studuit *deest* B C. — q. reseratu A. — r. effluxit B C. — s. fragrantia B C. — t. vasis B C. — u. miraculo A. — v. sic A, eximii saporis odor inde processit quantus nec inter sapidissimi vasa reserata solet sentiri. Bibit ergo... B C. — w. admiratione *deest* B. — x. incolomes *deest* B.

alumnis [y] et amicis ad convivium puplicum sederet, seque [z] de Domini gratiam, quam per famulum [a] concesserat, vehementer gratular[etur]. Cumque post aliquot [b] dies urbem Cadurcam et medicum suum, gratiarum jura soluturus [c], inviseret [d], hea quae retulimus germano suo Auvarno episcopo referre studuit. Ille vero, cum esset mente protervus [e], dubius extitit. Nec mora, et vehementissimo febre correptus non aliter sanari meruit nisi frequentissima repetitione, crebris discurrentibus missis, ad medellam beati Desiderii sese convertit et corde conferret.

Mir. V. — Alio autem in [f] tempore Februndus [g] abba atque vice dominus [h] gravi taedio confectus per dies multos laboravit; tandem ei [i] in visione bis terque admonitus [ut] ad praesidium beati confessoris [j] mente [se] conferret [k], eoque [l] advectus [m] ad ejus sepulcrum delatus est. Ubi sicut oportebat innixius [n] orationi insistens, Christi domini misericordiam ex intimo [o] cordis effectu [p] postulavit. Post non congruum [q] vero spatium, divina miseratione praeventus, medelam quam obtaverat adeptus, sanus ad propria reversus est.

Mir. VI. — Alio rursus in tempore sacerdos [r] quidam, nomine Dracolenus, graviter [s] aegritudine confectus laborabat per dies plurimos, in tantum ut cibi perceptione penitus arceretur. Jamque sexta decima dies [t] aderat et sacerdos vi febrium [u] depastus sine cibo durabat, cum ecce [v] repente incidit in mente ejus [w] sancti Desiderii suffragia expetere, eaque ex medicina loti bacterii [x] postulare; ventum itaque ad ejus sepulcrum est, medicina petita, salus inpetrata. In villa enim Cascarno [y] aeger decumbebat; allata ergo medicina die septimo decimo aeger gustavit. Continuo autem

---

y. alumnis *deest* B. — z. secumque B C. — a. famulum suum B C. — b. aliquod A, aliquos B. — c. soliturus A. — d. visitaret 2ª man. C. — e. protervus *deest* B. — f. in *deest* B C. — g. Frebundus B, Frebrundrus C. — h. atque vice dominus *deest* B, atque incedens C. — i. sic A; *deest* B C; il faut peut-être corriger en est. — j. confessoris *deest* B C. — k. conferrent A. — l. eo quod A. — m. advectus *deest* B. — n. innixus BC. — o. interno B C. — p. affectu B C. — q. multum B C. — r. sacerdus A. — s. gravi B C. — t. cumque XIII dies B. — u. infebrium A. — v. ejus B. — w. ejus *deest* B. — x. baculi B. — y. Cascanno B.

coelesti rore perfusus convaluit, surrexit, comedit et sanatus est.

Mir. VII. — Item alio tempore infantulus quidam, nomine Mummolenus *z*, validissime aegrotans ad extrema pene deductus est. Cumque dies depositionis beati Desiderii instaret, nocte qua laus vigiliarum celebratur, a matre propria oblatus, ante sepulcrum antistitis projectus, et non longo intervallo, confessore orante, Christi gratia largiente, sanus factus puer parentibus jam exultantibus redditus est. Gratias tibi, Christe Salvator, tua agimus creatura, et in minimis et in maximis tua opera recognoscimus *a* et ideo te in *b* omnibus admiramur et te *c* pro omnibus laudamus; tibi gloria *d* in saecula saeculorum. Amen.

Mir. VIII. — Alio quoque *e* tempore adolescens quidam, nomine *f* Ruccolenus *g*, a tertiano typo vexatus graviter laborabat per dies multos. Quidem *h* miracula confessoris addiscens *i*, ardenter valde ad sepulcrum ejus contendit, ubi oratione profusa patrocinari sibi sanctum antistitem postulavit. Accepto autem liquore *j* ex quo caeteri sanare *k* solent, custodum se oratione *l* commendavit; necnon post longum spatium, superna gratia miserante, contagionis parte depulsa, speciem vivi hominis quam jam perdiderat recepit. Sic demum funditus morbo expulso sanitatem pristinam indeptus ad locum proprium rediit.

Item vir quidam ex castro Mercurio [1] veniens, quem continua vexabat infirmitas, ad memoriam beati Desiderii sese cum fiducia contulit, qua adversus martirarium *m* sibi liquorem salutiferum impertire deposcit, benedictione exposita *n* accepit, accipiens sumpsit, patrocinare *o* sibi antistitem poposcit, fidensque de obtenta *p* salute abcessit, et Domino

---

z. Mumolenus B C. — *a*. cognoscimus B C. — *b*. te et in B C. — *c*. te *deest* B. — *d*. glorie A. — *e*. vero C. — *f*. B *présente une lacune s'étendant jusqu'aux mots* multis prodesse solet *exclusivement du Mir. IX.* — *g*. Rucolenus C. — *h*. Qui dum C. — *i*. adiens C. — *j*. accepto liquore autem C. — *k*. sanari C. — *l*. orationi C. — *m*. morbum C. — *n*. benedictionem expositam C. — *o*. patrocinari C. — *p*. abtenta A.

---

1. Mercuès, Lot, arr. et canton Cahors.

operante celeri provectu sanatus est. Gloria tibi, Christe, et tua ibi sunt opera, tua in omnibus cotidie fulgent ubique magnalia *q*.

Mir. IX. — Alio quoque tempore puerulus quidam ex monasterium sancti Martini alium *r*, quod infra septa municipii Cadurcae [h]abetur, dies multos in aegritudine laborans vehementer jam tabescebat. Qui cum nullo recuperandi argumento *s* acciperet, sanctimonialis quae illic praeerat ad memoriam sancti Desiderii dirigere studuit, atque ex eo medendi liquore quod multis prodesse solet aegro illi deferre exposcit; factum est; praecurrens autem missus *t*, cui nomen Prosperius, ad sepulcrum sancti contendit, custodem adiit, preces ingressus *u* benedictionem exposcit, imperata *v* secum detulit, aegro impertiit, confidenter accipere monuit. Quod cum aeger *w* fecisset, confessore et *x* spiritus gratia largiente, recuperare meruit salutem *y*. Sed non solum ad sepulcrum ejus haec signa gerere *z* arbitramini.

Mir. X. — Pompegiacum dicitur praedium quod beatus Desiderius a potentibus quibusque *a* personis caro precio comparavit ecclesiaeque dicioni adnectuit *b*. Quem ipse locum utpute care coe[m]ptum unice *c* diligebat et plerumque ibi ad manendum divertere solitus erat. Post mortem vero ejus, incolae loci locum cubiculi quo pausaverat *d*, utpute viri magni stratum, venerabiliter *e* praecaventes, privatorum ab eo frequentiam et pecorum canumque ingressus co[h]ibere studebant. Clericus quidem *f*, vocabulo Bertus, illic condam ad manendum deductus, caballum quoque suum in locum cubiculi manere intromisit. Cui cum abitatores loci pro[h]ibere *g* non possent, cum honore *h* tamen studuerunt ne stratum ipsud temerari *i* praesumeret: « Quia *j* domnus, inquiunt, Desiderius pausavit, ideo pecus orridum hic intrare non debet ». Quorum ille consilium leve reputans dictumque rus-

q. magnalia cum spiritu. Amen C. — *r*. monasterio sancti Nongin. alium, avec alium *exponetue* C. — *s*. nullum recuperandi salutis argumentum C. — *t*. ejus servus B. — *u*. aggressus B C. — *v*. impetrata C. — *w*. aeger deest B. — *x*. confessore et deest B, confessori sp. C. — *y*. sanitatem B. — *z*. gestare B. — *a*. quibusdam B. — *b*. adnexit B. — *c*. unici A. — *d*. pausare consueverat B C. — *e*. venerabantur B C. — *f*. quidam B C. — *g*. proibere deest B. — *h*. cum monere B. — *i*. tenere B, temere C. — *j*. quo B.

ticorum parvipendens, in promtu necglexit sermonem, caballumque sibi preciosum ibi[k] ad manendum constituit. Et factum est, cum die crastino valde diluculo caballum ipse praevideret, prostratum terra[l] extinctum invenit, et sic non sine maerore[m] atque admiratione a loco illo discessit. In loco autem ipso arbuscula quaedam nanda[n] usque ad summos parietes excrevit, quae commoda incommodantibus[o] dicitur conferre. Gloria tibi, Christe, qui ita servos tuos nobilitare[p] consuisti. Tibi semper gloria, nate, cum Patre et Spiritu sancto in saecula saeculorum. Amen.

Mir. XI. — Adiciatur et illut quo[d] moderno tempore gestum est miraculum. In diebus[q] nuper transactae quadragesimae oblatus est ad sepulcrum beati[r] antistitis parvulus quidem[s], nomine Hildulfus[t], filius cujusdam Eddoleni[u], quem pestis atrocissima depastum pone in extremis deduxerat. Cujus ob causam parentes adflicti ad memoriam, ut dictum est, beati Desiderii properant filiumque prope[v] exanimem proferunt, projectumque[w] ante sepulcrum vota gratuita spondunt. Ubi custos[x], cum parentibus oratione facta, ex eo oleo qui[y] coram sancti sepulcro [h]abetur aegrum perunxit[z], monetque inrevocabiliter fide adsumere, eaque demerita praesulis sibi supra vires praesummere. Credidit ergo homo[a], perunctus potatusque habiit et sanatus est. Paucisque interpositis diebus, munera votiva deferens, sanitatis suae auctorem proflue magnificeque honoravit.

Mir. XII. — Pauci admodum post[b] fluxerant dies, et ecce adholescens quidam, Maurontus[c] nomine, humore[d] cujusdam morbi perfusus turgentium malandrorum copia maxima in[e] faciem scabridam et quibusdam pustulis obseptam aedio[f] ostendit. Cui sacerdos, cui id officium commis-

---

k. caballum quem sibi preciosum habebat B C. — *l.* per terram B C. — *m.* merore deest B. — *n.* sic A, quaedam plantata B C. *Il faut peut-être corriger en vonda, et supposer qu'il s'agit d'un plant de guède ou pastel (Isatis tinctoria), ayant miraculeusement atteint cette taille.* — *o.* incommoditatibus B. — *p.* nobilitate C. — *q.* tempore B. — *r.* sancti B C. — *s.* quidam B C. — *t.* Hidulphus B C. — *u.* Edolae B. — *v.* pene B C. — *w.* projectumque deest b. — *x.* custus A. — *y.* quod B C. — *z.* perunxit deest B. — *a.* homo deest B. — *b.* post deest B. — *c.* Alamontus B. — *d.* horrore B C. — *e.* in deest B C. — *f.* aedituo B C.

sum erat, orare innixius*g* et fidere de merito praesulis monuit. Oratum est*h*, aeger adstitit*i* atque*j* ex oleo beati viri deformem*k* cunctamque constrictam*l* congeriem peruncxit et omnia; virtus ita demum omnem putrem*m* sanies illius delibucio salubris*n* succidit, emundavit, abstersit, ut nec vestigium quidem cicatrici ullius in faciem remaneret.

EPILOGUS

Sed longum est per singula verbis exire*o* quantum ibi cotidie per Domini servum sanitatis commoda diversis aegritudinibus conferantur. Unde his interim*p* studiose obmissis*q*, ad clausulam jam praeconiorum ejus articulum coartemus. Puto enim, et si sensu*r* rustico prolixum traximus sermonem, quamvis*s* meritis ejus digna praeconia nullatenus aequiperare valuerimus; nam licet extemporalis dilectio*t* absque ordine sensuum sine lenocinio et composicione sermonum, ex [h]is tamen advertere potestis qualiter homo Dei a principio ad finem usque pervenerit, et quanta bona quantaque magnifica studiis ac meritis ejus alumpnae plebi conlata sint. In cujus abscessu geminata calamitas jam nunc*u* protestatur. Nam Cadurca urbe, quae eo superstite florentissime opulenteque*v* prae cunctis pene*w* vicinis urbibus emicuerat, ejus jam abscessu frequentibus bellis convulsa, ad internicionem pene devoluta est, adeo ut*x* ipsa quodammodo terra abscessu illius lugeat*y*, et fulti*z* ejus defleant, et sicut possunt proclamare videantur : Eamus et*a* nos et moriamur cum eo! Siquidem continua[m] pacem, qua*b* in diebus ejus Desiderii quidem non suis meritis posita*c* est, continuatis jam incursibus et innumeris pestilentiis

g. innixius *deest* B. — *h.* ut ergo oratum B C. — *i.* exstitit C. — *j.* eaque A, eumque B, eamque C. — *k.* deformitatem B C. — *l.* constrictam A, constructam B. — *m.* putredinem B. — *n.* delibutis B, salebris B, *b.* delibutio sabris C. — *o.* verba per singula B, exorere B, exerare 1*e* manu, exarare 2*e* manu C. — *p.* interii in A. — *q.* missis B. — *r.* sensum B C. — *s.* sermone quod tantis B C. — *t.* dicto B. — *u.* jam nunc *deest* B. — *v.* opulenterque B. — *w.* fere B. — *x.* adeo ut... posita est *deest* B. — *y.* lugebat B. — *z.* fulti *deest* B. — *a.* etiam C. — *b.* quam A. — *c.* potita B, petita C.

depopulata gemescet [d], ac rerum copiam et frugum opulentiam quam merita Desiderii urbi advexerant, eo migrante simul quoque ablata sunt, et non absurde cuncta cum illo bona [e] migrasse credantur. Talem ergo patrem, talemque pastorem dignum est ut boni colant, noxii timeant, praedicent fideles, imitentur sacerdotes, qui vivens inter peccatores ad hoc forsitan raptus est *ne malicia mutaret mentem* [f] *ejus* [1], et ut, de justo quoque [g] scriptum est, *placita erat Deo anima* [h] *ejus, ideo properavit educere eum* [i] *de media iniquitate* [2]. Ablatus enim [j] ex praesentis saeculi tenebris atque [k] ex hac peregrinacione ereptus, jure sanctorum coetibus jungitur, quia quantopere [l] sanctorum officia ecclesiaeque ministeria diversis metallis compendiis obumbravit. Cujus solertiam, industriam especimen [m] parietes tui, Cadurca, testantur [n]; cujus diligentiam, eligantiam et studium dominica vasa, ut supra jam diximus, diversaque ecclesiae ministeria profitentur [o]. Quibus mirabiliter dispositis atque [p] insigniter patratis [q] brevissimis titulis praenotari [r] studuit [3]. In quibusdam quidem ita scripsit [s]:

DESIDERII VITA CHRISTUS;

in quibusdam autem sic sculpsit [t]:

DESIDERII TU, PIE CHRISTE, SUSCIPE MUNUS;

in aliis autem ita:

ACCIPE, CHRISTE, MUNERA DE TUIS TIBI DONIS [u] OBLATA;

in aliis quoque ita:

SUSCIPE, SANCTE DEUS, QUOD FERT DESIDERIUS MUNUS;

UT MAJORA FERAT VIRIBUS ADDE [v] SUIS;

adque [w] in aliis aliter [x]:

d. gemiscit B. — e. bona *deest* B. — f. intellectum B C. — g. quemque A. — h. animo A. — i. illum B C. — j. est ita B. — k. eaque A, eaqueB C. — l. tanto opere B C. — m. especimem A, specimen B C. — n. testantur *deest* C. — o. profitentur *deest* B. — p. eaque A, eisque B. — q. patratis *deest* B. — r. ea praenotari B C. — s. in quibusdem autem versiculis sic scripsit B C. — t. scripsit B. — u. bonis B C. — v. ac de A. — w. adque *deest* B. — x. aliter *deest* B.

1. *Sap.*, IV, 11.
2. *Sap.*, IV, 14.
3. Sur ces inscriptions cf. E. Le Blant, *Inscriptions chrétiennes de la Gaule antérieures au VIIIe siècle*, p. 242 sqq.

HAEC EST SAPIENTIA SAPIENTIUM PROFUNDI SENSUS, verbum abbreviatum juxta illut dictum :
SAPIENS VERBIS INNOTESCET PAUCIS.
Merito ergo eum, ecclesia Cadurca, hac singulariter diligis[y], quia ipse te singulariter super[z] cunctos parentes dilexit et omnem affectum qui parentibus debebatur in usus tuos transtulit. Merito, inquam, diligis qui te sic amavit ut te amicis praeponeret, alumpnis praeferret, ornamentorum monilia aeterno amore consignaret, qui cum Deo[a] tibi soli viveret, profectibus[b] tuis militaret, soliditatem tuam toto adnisu procuraret. Qua de re desiderandus semper tibi est quasi absens[c], non lugendus quasi mortuus, ut illum expectare, non amisisse videaris. Noli igitur[d] plangere quem de morte credis ad vitam migrasse, nec doleas[e] quod talem amiseris, sed gaudens quod [h]abueris immo et habes, obligatoque parumper vulnere[f], audi jam laudes ejus cujus semper [h]ortatu commonita, cujus exemplo[g] accensa es. Desiderius tuus, immo noster, relicta jam Egypto, relicta Caldea[h], scalam conscendit Jacob[i]. Caedar supergressus securus decantat : *sicut audivimus ita et vidimus in civitatem Dei nostri*[2]. Relictis inquam tenebris, hoc enim Caedar interpretatur, portat crucem suam et sequitur Christum[j], nec de crastino cogitat, nec post [t]ergum respicit. *Quod in lacrimis seminavit, jam in gaudio metit*[3]. Seminavit in spiritu, et de spiritu metet vitam aeternam, securusque jam cantat : *Domine, convertisti planctum meum in gaudium mihi*[j]. *Conscidisti saccum et circumdasti*[k] *me laetitia*[4]. Et illud : *post te in hodorem unguentorum tuorum currimus*[5]. Quaprop-

y. hunc sanctum virum diliges qui te B. — z. supra B. — a. Domino B. — b. profectibus deest B, profectis C. — c. tibi est, non absens B. — d. ergo B. — e. doleat B C. — f. vulnere deest B. — g. exempla A, exemplis B C. — h. relicta Caldea deest B. — i. ipsum B C. — j. tuum B. — k. circumdedisti B C.

1. Gen., XVIII, 12.
2. Psalm., XLVII, 9.
3. Psalm., CXXV, 5.
4. Psalm., XXIX, 12.
5. Cant., I, 3.

ter, ecclesia Cadurca, licet vehementer sis contrita, licet innumeris cladibus ac saepe convulsa [l], gaude tandem et secura esto quia [m] magna hereditate [n] ditata es. Secura, inquam esto et dic Deo [o] : non contristor quod recepisti [p], sed [q] ago gratias quod dedisti, Deo [r] quippe vivunt [s] omnia. Gratias tibi, Christe salvator, tua agimus creatura, tua sentiamus beneficia [t]. Gratias tibi [u] quod talem nobis dedisti pastorem, talem nostri[s] temporibus procurasti advocatum, qui digne pro nostris peccatis possit intervenire et ad clementissimas aures tuas preces ingerere. Sed [v] jam finem liber postulat [w], sermo cohibendus est, nobisque magis [x] innitendum [y] ut ad exemplum beati viri vivere elaboremus, cujus exemplo gaudemus [z], quam fuerit ferventissimae fidei [a] qui non solum divicias et omnia, quod apud multos impossibile judicatur, sed se ipsum Domino obtulit, tradidit, dedicavit, qui contra diaboli tergi conversationem nequaquam pelle[m] pro pelle, sed carnes et ossa et animam suam Domino consecravit. Quantum possumus jungamur ei spiritu, jungamur [b] affectu et fortitudinem mentis [c] quam ipse ostendit in opere, nos imitemur in corde, illum indefesse nostra [d] vita sequatur, illum nostra pagella decantet, illum cunctae litterae sonent. Quem videre non valemus, recordatione teneamus, et cum quo loqui non possimus [e], de eo nunquam loqui desinamus.

FINIT. FINIT.

Haec [f] tibi, Desideri venerabilis, ingenii mei munus obtuli, haec tibi dilecte [g] libens consecravi [h] e ratione ut quicunque [i] noster sermo processerit, te laudatum [j], te Cadurcae positum lector agnoscat. Amen [k].

EXPLICIT VITA SANCTI DESIDERII EPISCOPI ET CONFESSORIS [l].

l. conterrita licet in muneribus cladis accipe convulsa A. — *m.* quod B. — *n.* hereditatem A. — *o.* Domino B. — *p.* recessit B C. — *q.* sed *deest* B C. — *r.* Deo *deest* B C. — *s.* minuit B. — *t.* gratias... beneficia *deest* B C. — *u.* ago tibi B C. — *v.* Quia B. — *w.* potuat A. — *x.* magnis A. — *y.* imitandum C. — *z.* gaudeamus B. — *a.* fidem. A. — *b.* fringamur A. — *c.* meritis b. — *d.* m̄ A, nam C. — *e.* possumus B. — *f.* hoc B. — *g.* dilecte B. — *h.* consecravit A. — *i.* quicunque *deest* B, cuicumque C. — *j.* laudaverit B C. — *k.* Amen *deest* B. — *l.* EXPLICIT... CONFESSORIS *deest* B.

NOTE ADDITIONNELLE

LE LIEU DE NAISSANCE DE SAINT DIDIER

Nous avons indiqué plus haut[1] les deux opinions en présence au sujet du nom d'*Obrege*, employé par le biographe pour désigner le lieu de la naissance de Didier. On pourrait faire à ce sujet une hypothèse assez séduisante, qui nous a été signalée par M. M. Prou, et à laquelle nous savons que le regretté Julien Havet avait songé. M. Prou[2] a montré qu'il ne paraissait pas y avoir lieu de supprimer, dans l'énumération faite par Pline des peuples de l'Aquitaine, le nom des *Antobroges*, et d'assimiler ceux-ci aux *Nitiobroges* connus par d'autres textes antiques. En effet plusieurs monnaies mérovingiennes, certainement frappées, en raison de leur style, dans une région voisine, sinon dans les limites mêmes de la cité des *Ruteni*, donnent le nom de lieu *Antuberix*. Or *Antuberix* suppose la forme *Antuberiges*. Mais *Antubriges* est, sauf la première syllabe, analogue à [*Ant*]*obrege*. Ne peut-on pas supposer que le scribe de la Vie de saint Didier a omis la première syllabe du nom? Cette erreur serait d'autant plus admissible que notre plus ancien ms. de la *Vita* est du x⁰ siècle, et que la cité dont nous parlons avait disparu de bonne heure. Mais

---

1. Supra, p. 1, n. 1.
2. *Note sur le peuple gaulois des Antobroges*, dans *Comptes rendus des séances de l'Académie des Inscriptions*, 1890, p. 133-138.

il est certain que la ville des Antobroges existait encore au vii⁰ siècle et qu'elle pouvait s'appeler indifféremment *Antuberix* ou *Antobriges*¹. L'on remarquera encore qu'*Obrege*, d'abord qualifié d'*oppidum*, reçoit dans la phrase suivante le titre de *civitas*, et que les renseignements donnés par l'auteur ne se comprennent bien que s'il s'agit en effet d'une *civitas* avec son territoire. S'il faut supposer une faute du scribe, l'oubli de trois lettres en tête du mot est plus probable que l'altération d'*Albige*, ville connue à l'époque où fut copié le ms., en *Obrege*. D'ailleurs l'*Obrege* de la Vie de saint Didier ne paraît pas se laisser identifier beaucoup plus facilement que l'*Antuberix* des monnaies. Cependant les remarques précédentes permettront peut-être de préciser quelque peu l'emplacement de la cité disparue des Antobroges. Si celle-ci, en effet, comme le dit l'auteur de la *Vita*, se trouvait limitrophe de la Narbonnaise Première, si d'autre part les domaines héréditaires du saint se trouvaient en Albigeois, il en résulterait que la patrie des Antobroges devrait être cherchée dans la portion des cités de Rodez et d'Albi la plus voisine du Toulousain².

---

1. De même, à l'époque mérovingienne, les monnaies donnent pour Bourges les deux formes *Betorex* et *Betoregas*.
2. *Vita*, c. 10.

TABLE ALPHABÉTIQUE [1]

A

* Abremundus, v. Ebremundus.
Abulnaris, * Abulnans, 32.
Affreganiago, * Afriganiaco, 33.
Agarnus, * Awarnus, évêque de Cahors, iv et n. 1, v, vi, 49.
Agen, Aginnum, 28. — Évêque d'—, v. Salluste.
Agilenus, père de Bobila, ix, n. 3, 32, 37.
Aimeri de Peyrat, xvii.
Alacicio, * Malaricio, 36.
* Alamontus, v. Mauronlus.
Albi, Albiga, Albiense oppidum, viii, xi, 1, 5, 23, 34.
Albigeois, Albigensis pagus, Albiensium comitatus, 2, 3, 31, 42, 43.
* Alesate, v. Elesate.
Ameglado, * Dameglado, 33.
Anglars, Anglares, * Angiaco, 37.
Angoulême, Egolisma, * Engolisma, vi et n. 1, x, 28.
Ansbert, Ansbertus, abbé de Moissac, 25.

Aquaviva, * Aquimo, * Aquanino, 34. Aquiniaco, 35.
Aquitaine, Aquitania, v, 1.
* Arciaco, v. Darciaco.
Aregius, * Aredius, évêque de Rodez, xiv, n. 1, 47, 48.
Arividus, * Arivigus, 37.
Arnanus, * Arranus, ermite scot, iv, 38, 39, 40.
* Arniaco, v. Namiago.
Arnoul (S.), Arnulfus, évêque de Metz, i, xi, 5, 28.
* Arranus, v. Arnanus.
Arvernum, Clermont.
Assone, * Ossone, 34.
Asterius, * Austerius, évêque de Périgueux, 28.
Atiago, 44.
Atlantique (Océan), Atlanticus, 29.
Auciaya, Auzac.
Audoenus, saint Ouen.
Austasius, * Austrasius, saint Eustase.
* Austerius, v. Asterius.
Austrasie, xiii.

---

1. Cette table est rédigée en français, mais on trouvera, à la place que leur assigne l'ordre alphabétique, les formes latines des noms. Celles-ci sont imprimées en italique. On a relevé les diverses variantes des formes latines, avec renvoi à la forme adoptée dans le texte. Ces variantes sont précédées d'un astérisque. On n'a pas fait de renvois pour les variantes qui se seraient trouvées immédiatement voisines de la forme principale, ou qui n'en diffèrent que par la graphie th au lieu de t, sc au lieu de s, etc.

* Austrasius, v. Austasius.
Austrildes, 32.
Auzac, Auciago, * Ausciaco, * Auxiago, 33.
Avila, sœur de saint Didier, 2.
* Awarnus, v. Agarnus.

B

Badigenus, 32.
* Bartonela, v. Bertolena.
Basena, * Basera, * Basona, 32.
Bayssac, Bassiago, 33.
Benoit (S.), b. Benedictus, 25.
Bertolena, * Bartolena, femme de Siagrius, 5.
Bertus, clerc, 51.
Betoriva urbs, Bituricae, Bourges.
Blacinaco, * Blanciniaco, 34.
Blanzaguet (?), Blandiacense praedium, 46.
Bobila, « senatrix », veuve de Severus, ix, n. 3, 32.
Bobus, 32.
Bodurno, 37.
Bonogrado, 37.
Bourges, Bituricae, Betoriva civitas, xii, 16, 27.
Bretagne, Britania, 29.
Brocingus * Procingus, * Proscingus, * Prosemogo, 37.
Brunehaut, Brunihildis, reine, 2.
Buis (Le)?, Buxio, * Bruxio, 31.

C

Cabrin, Caborinio, * Caborino, 34.
* Caderensis fiscus, v. Celerensis.
Cadurcio, Catus.
Cahors, Cadurca, Cadurci, Caturcena, Caturcensis urbs ou civitas, i, iv, v, vi, vii, viii, ix, n. 3, xi, xv, xvi, 1, 2, 8, 9, 12, 13, 14, 15, 19, 22, 24, 25, 28, 32, 33, 34, 37, 40, 41, 44, 48, 51, 53, 54, 55, 56. — Évêques de —, v. Didier, Eusèbe, Rustique, Urcisse. — Habitants de —, Cadurci, 26, 43. — Pays de —, v. Quercy.
Cami, Camino, 37.
Cambon, Cambone, 35.

Caniac, Canniaco, * Caruniaco, * Carvuiaco, * Caviniaco, 37.
Carcès (?), Carcerio, * Carrecia, 36.
*Carun-, * Carvu-, * Carviniaco, v. Canniaco.
Cascarno villa, * Cascamo, 49.
Cassiaco, Cézac.
* Cassiavigo, v. Gausiavigo.
Catus, Cadurcio, * Catussio, 37.
Caucinicha, * Causuncha Senomagense, 46.
Cavagnac, Cavaniaco, * Dunsiaco, 35.
Cavanio, * Savanio, 35.
Celerensis, * Caderensis fiscus, 33.
Cepoialo, * Cepolia, * Copoiaco, 36.
Ceresiago, 34.
Cerviano, * Cerveano, * Corviano, Serviès.
Cézac, Cassiaco, 35.
Chaldée, Caldea, 55.
Chrodohertus, * Crodo —, * Croda —, référendaire de Dagobert I*r*, 14.
Circoexeno, 35.
Claude, Claudius, abbé de Sainte Marie, à Cahors, 23.
Cleppio, * Cleppeo, 35.
Clermont, Arvernum, 27. — Évêque de —, v. Gallus.
Clotaire II, Clot-, Cloth-, * Lot —, * Lotharius, roi des Francs, i, xi et n. 3, 2, 4, 5.
Clovis II, Flodoveus, * Clodoveus, 42.
Cocurnaco, Congournac.
Columban (S.), b. Colombanus, 25.
Congournac, Cocurnaco, 36.
Copenhague, xvii.
* Copoiaco. V. Cepoialo.
Cornus, Cornucio, 36.
Corviano, v. Cerviano.
Costrio, 36.
Croyssens, Criscentio, 36, 37.
Cybar (S.), Eparcius, * Eburghenus, vi, n. 1, vii, x, 28.

D

Daddivus, * Dadalenus, * Daddulus, abbé de Saint-Amans (Saint-Géry), 22.

TABLE ALPHABÉTIQUE 61

Dadin de Hauteserre (Antoine), xv.
Dadivus, 32.
Dagobert Ier, *Dacobertus, Dagobertus*, roi des Francs, I, VI, VIII, X, XI, XII, XIII, XVIII, 2, 5, 6, 13, 14, 15, 16, 42.
* *Damegludo*, v. *Amegiado*.
* *Daneciaco*, v. *Domeciaco*.
Darciaco, * *Arciaco*, 34.
Dehurilia, 32.
Déodat, *Deodox, * Deodoxus, * Diodorus*, évêque de Mâcon, 28.
Didier (S.), *Desiderius*, évêque de Cahors, I, III, IV, VI, VII, VIII, IX, X, XI, XII, XIII, 1, 2, 3, 4, 5, 6, 8, 9, 10, 11, 12, 14, 15, 16, 19, 20, 21, 22, 25, 26, 27, 28, 29, 33, 39, 40, 42, 44, 48, 49, 50, 51, 52, 53, 54, 55, 56.
* *Diodorus*, v. Déodat.
Doderius, * *Dodenus*, 12.
Dodo, 32.
Domeciaco, * *Daneciaco*, Donzac (?).
Dominici (Marc-Antoine), xvii.
Donzac (?), *Domeciaco-*, * *Danesiaco*, 36.
Dordogne (la), riv., *Dornonia*, * *Durdonia*, 46.
Dracolenus, * *Diacolenus*, clerc de Cahors, 39.
Dracolenus, prêtre, 40.
* *Dubiaco* (in), v. *Viduhriaco*.
* *Dunsiaco*, v. *Cavaniaco*.

E

* *Ebargehenus*, * *Eharchius*, v. *Eparcius*.
Ebremundus, * *Abremundus*, 32.
Eddolenus, * *Edola*, 52.
Egolisma, * *Engolisma*, Angoulême.
Égypte, *Egyptus*, 55.
Elariago, * *Elayrago*, 37.
Elesate, * *Alesate*, 37.
Eligius, saint Éloi.
Élisée, *Heliseus*, 31.
Éloi (S.), *Eligius*, évêque de Noyon, I, XI, 5, 28.
Elosate, 33.
Eparcius, saint Cybar.

Epolurio, * *Polurio*, 37.
Eraclius, v. *Héraclius*.
Ercitoiato, 36.
* *Erobeno*, - *benno*, v. *Herobenno*.
Espagne, III.
Eusèbe (S.), *Eusebius*, évêque de Cahors, 8.
Eustase (S.), *Austasius*, abbé de Luxeuil, VI, n. 6, 28.

F

Faciscio, * *Fascito*, * *Fascilio*, 36.
* *Faraiato*, v. *Sataiato*.
* *Favinario*, v. *Saumario*.
Februndus, * *Frebundus*, abbé, 40.
Felix, 32.
Fesciago, Foissac.
Figeac (abbaye de), V.
Flaugnac, *Flaviaco*, 36.
Foissac, *Fesciago*, 36.
Fouilhac (abbé de), XVIII.
Flodoveus, Clovis II.
Fraterna, 32.
Frebundus, v. *Februndus*.

G

Gaillac, *Galliaco*, 34.
Gallus, évêque de Clermont, 27.
Gaule, *Galliae*, I, III, XIV, 1, 13, 27.
Gaulois, *Galli*, 47.
Gauretrudes, * *Gauretrides*, 32.
Gausiavigo, * *Gaucinico*, * *Gausivico*, * *Cassiavigo*, 37.
Gibiniargues, *Jovineanicas* * *Joviniacus*, 33.
Goivillas, * *Sovillas*, 37.
Granoiato, * *Granciato*, 34.

H

Heliseus, Élisée.
Héraclius, empereur d'Orient, 16.
Herbelingus, 33.
Herchenfreda, * *Archene-*, * *Archeni-*, *Harchene-*, mère de saint Didier, VII, VIII, XVIII, n. 8, 1, 8, 9, 10, 11.

Herobenno, * *Eroheno*, * *Erobenno*, 34.
Hildulfus, fils d'Edolenus, 52.

I

Indo, *India*, 29.

J

Job, *Job*, 31.
Joly (Claude), chanoine de Notre-Dame de Paris, xiv, n. 5, xv et n. 1, xviii.
Jovineanicas, * *Joviniacas*, Gibiniargues.

L

* *Lalo*, v. *Ercitoialo*.
* *Lapediaco*, v. *Lepediaco*.
Lariago, 18.
Lautrec, Lautrego, 34.
Leodolenus, * *Leudolenus*, clerc de Cahors, 39, 40.
Ldojac (?), *Lepe*-, * *Leppi*- * *Lapediaco*, 35.
Loutade, Leothadius, * *Leutadus*, abbé de Moissac, 26.
Lot (le), riv., *Oltis*, 18.
Louis le Pieux, 1 ' d'Aquitaine, iv, v.
* *Lucum*, Toul.
Luxeuil (abbaye de), *Luxovium*, vi, n. 6, 28.

M

Mabillon, iii, xii, xviii.
* *Maciaco*, v. *Marciaco*.
Macirinco, * *Marciliaco*, 36.
Mâcon, *Metasco*, * *Mestaro*, 28. — Evêque de —, v. Déodat.
Mactregiselus, * *Matregiselus*, 32.
* *Malaricio*, v. *Alaricio*.
Malet, *Maleto*, 34.
* *Marato*, v. *Murato*.
Marciaco, * *Maciaco*, Marsac.
Marcialio, Marsal.
Marcillac, * *Marciliacense cenobium*, 25.

Marcillac, *Marcelliago*, * *Marceiliago*, 37.
Marenavus, * *Mareanaves*, * *Marinamas*, Marnaves.
Maricio, 34.
Marin, * *Marinio*, 34.
Marnaves, *Marenavas*, * *Marennaves*, * *Marinamas*, 34.
Marsac, *Marciaco*, * *Maciaco*, 35.
Marsal, *Marcialio*, 34.
Marseille, *Massilia*, xii, 2, 3, 8.
Maurens (?), *Mauringus*, 33.
Maurinus, * *Maurinius*, comte, 21.
Maurontus, * *Alamontus*, 52.
Mercuès, *Mercurium, castrum*, 50.
Melasco, * *Mestaro*, Mâcon.
Metz, *Metis*, 28. — Evêque de —, v. Arnoul (S.).
Milhac, *Milliacum*, 44.
Moissac (abbaye de), *Moysiacense*, * *Musiacense cenobium*, iv, v, vii, xvi, xix, 25. — Abbés de —, v. Ansbert, Loutade.
* *Montiago*, 37.
Mummolenus, * *Mumolenus*, 50.
Murat, *Murato*, * *Marato*, 34.

N

Namiago, * *Arniaco*, 33.
Nanthilde, *Nanthildis*, * *Nanchildis*, femme de Dagobert Ier, 6.
Narbonaise, *Narbonensis provincia*, 1.
* *Nasio*, v. *Tiacio*.
Nicassius, * *Nicassus*, 32.
Niceeia, 32.
* *Nosio*, v. *Tiacio*.
Notre-Dame [de la Daurade] (église de), à Cahors, bas. *S. Mariae*, 32, 35.
Noyon, *Noviomum*, 28. — Evêque de —, v. Eloi (S.).
Nugacio, 36.

O

Obrega, 1. — V. la note additionnelle, p. 57.
Oltis, le Lot.

Oroncia, 32.
* Ossone, v. Assone.
Ossilingus, * Ossilingius, 35.
Ouen (S.), Audoenus, évêque de Rouen, ı, xı, 5.

P

* Pampiniaco, v. Pompiac.
Parnac, Par.aco, 37.
* Parnis, Pern.
Paul, Paulus, évêque de Verdun, xı, 5.
Périgueux, Petragoricum, * Petrogoricum, 28. — Évêque de —, v. Asterius.
Petregontio, * Petrogo, * Petrogontic, Peyregoux.
Petroliaco, * — eco, Peyrillac.
Peyregoux, Petregontio, * Petrogo, * Petrogontio, 31.
Peyrillac (?), Petroliaco, * Petrolieco, 35.
Pirio, * Piscio, 31.
Pissiaco, v. Prayssac.
Placedina, * Placida, 21.
* Pobus, * Polus, v. Bobus.
Pollanio, * Polanio, * Polonio, 36.
Pompiac (?), Pompegiaco, Pampiniaco, 33.
Pompegiacum praedium. — Pemplac (?), v. le précéd., 51.
* Poturio, v. Epoturio.
Prayssac, Prisciago, * Pissiaco, 37.
Procingus, Proscingus, Procemoqo, v. Brocingus.
Prosperius, 51.

Q

Quercy, Cadurcum territorium, v, vı, vıı, 23, 33.
Quintiago, * Vintiagum, 44.

R

Ramingos, * Romingo, 31.
Rodez, Rutena, Rutenum, xıv, n. 1, 2, 4, 28, 47, 48. — Évêqués de —, v. Aredius, Verus.

* Romingo, v. Ramingos.
Ruccolemus, * Rucolenus, 50.
Rusticiago villa, 27.
Rustique, Rusticus, frère de saint Didier, évêque de Cahors, xı, xıı, 1, 2, 4, 8, 11, 12, 15, 18.
Rutena, -um, Rodez.

S

Saint-Affrique (église de), à Cahors, bas. S. Afrecani, 36.
Saint-Amans (monastère de), à Cahors, v. Saint-Géry.
Sainte-Quitterie (église de), * 20.
Saint-Étienne (monastère de), à Cahors, mon. S. Stephani, 35.
Saint-Eugène (église de), bas. S. Eugenii, 36.
Saint-Géry de Cahors (monastère de), ([S. Desiderii] monasterium), vı, ıx, xvı, xvııı, 22, 26, 36.
Saint-Jacques (église de), à Cahors, bas. S. Jacobi, 35.
Saint-Julien (église de), à Cahors, bas. S. Juliani, 18, * 20.
Saint-Just et Saint-Pasteur (église de), à Cahors, bas. SS. Justi et Pastoris, 26.
Saint-Marius (église de), * 20.
Saint-Martin (église de), à Cahors, bas. S. Martini, * 20, 35.
Saint-Martin (église de), bas. altera S. Martini, 35, 51.
Saint-Maurice (église de), à Cahors, bas. S. Mauricii, 35.
Saint-Pasteur, v. Saint-Just.
Saint-Pierre (église de), à Cahors, 18, * 20.
Saint-Rémi (église de), à Cahors (?), bas. S. Remedii, 36.
Saint-Saturnin, v. Saint-Ursicin.
Saint-Ursicin (église de), à Cahors, S. Saturnini et S. Urcicini ecclesia, 34.
Saint-Vincent (église de), à Cahors, bas. S. Vincenti, 35.
Saint-Wandrille (mon. de), x.
Salluste, Salustius, évêque d'Agen, 28.

TABLE ALPHABÉTIQUE

Salvius, père de saint Didier, xi, 1, 4, 7, 8.
Sataialo. • *Faraialo*, 34.
Satiago. Saissac.
Saumario, • *Favinario*, 35.
• *Savanio*. v. *Cavanio*.
Sayssac, Satiago, 37.
Scots, Scotorum genus, 39.
• *Secretareras*, 35.
• *Selina*. v. *Silvia*.
Semalens, Semelingus, • *Semelingas*, • *Semilingus*, 36.
Senomagense, 16, v. *Caucinicha*.
Sérignac ?, • *Serinago, Sici-*, 37.
Serviès, Cerviano, • *Cerveano*. • *Corviano*, 34.
Sessio, 34.
Severus, mari de Bobila, 32.
Siagrius, comte d'Albi, frère de saint Didier, vii, xi, xii, 2, 4, 8, 12.
Siciniaco, Sicciniago, 33.
Sicinaco, • *Serinago*, 37.
Sigebert III, Sigo-, Sigi-, Sigebertus, roi des Francs, xiii, 11, 12.
Silvia, • *Selina*, sœur de saint Didier, 2.
Sorillas, v. *Goivillas*.
Spernio, • *Spino*, 18.
Sulpice S., *Sulpicius*, archevêque de Bourges, xii, 14, 15, 16, 27.

T

Tantalio, • *Tentalio*, 34.
Taxarias, Teyssières.
Telarus, • *Thelarus*, 18.
Tentalio, v. *Tantalio*.
• *Terriniaco*, • *Terciniaco*, v. *Maleto*.

Teyssières, Taxarias, • *Taxonias*, 35
Théodebert II, Teudebertus, 2.
Theudolenus, clerc, 15.
Theufales, • *Teufalas*, • *Tchuphales*, • *Tuffalus, Touffailles*.
Thierry II, Teudericus, roi des Francs, 2.
Tacio, • *Nosio*, • *Nasio*, • *Zialio Tialio*, 34.
Toccio, • *Thoerio*, • *Thoero*, 35.
Touffailles, Theufales, p. 36.
• *Toul*, • *Lucum*, 28.
Toulouse, xv.
• *Tuffalus*, v. *Theufales*.

U

Ursicinus, abbé de Saint-Amans, St. Géry, 22.
Ursisse S., *Ursicinus*, évêque de Cahors, 8.

V

Vayrac, Variaco, 35.
Verdun évêque de , —, v. *Paul*.
Veroli, 36.
Verus, évêque de Rodez, 28.
Vidubriaco, • *in Duhiaco*, 35,
• *Vilantreco*, v. *Lautreco*.
• *Vilariago*, 18.
Villare, • *Villaris*, 33.
• *Vintiagum*, v. *Quintiago*.
Vuistrilingius, • *Vinistriligius*, • *Vuustrisligius*, 33, 43.

Z

• *Zialio*, v. *Tiacio*.

MACON, PROTAT FRÈRES, IMPRIMEURS

COLLECTION DE TEXTES
POUR SERVIR À L'ÉTUDE ET À L'ENSEIGNEMENT DE L'HISTOIRE

VOLUMES PUBLIÉS :

GRÉGOIRE DE TOURS. Histoire des Francs, Livres I-VI : texte du manuscrit de Corbie, publié par H. OMONT. Livres VII-X : Texte du manuscrit de Bruxelles, publié par G. COLLON (fasc. 2 et 16).
    Les deux fascicules réunis.................... 12 fr. 50
    Pour les souscripteurs à la collection............ 9 fr. »

La vie de saint Didier, évêque de Cahors (630-655), publiée par René POUPARDIN, ancien élève de l'École des Chartes et de l'École des Hautes-Études (fasc. 20)........................ 2 fr. 25
    Pour les souscripteurs à la collection............ 1 fr. 50

GERBERT. Lettres (983-997), publiées par J. HAVET (fasc. 6). *Épuisé.*
    Pour les souscripteurs à la collection............ 5 fr. 50

RAOUL GLABER. Les cinq livres de ses histoires (900-1044), publiés par Maurice PROU (fasc. 1). *Épuisé.*
    Pour les souscripteurs à la collection............ 3 fr. 50

La Chronique de Nantes (570 environ-1049), publiée par René MERLET, archiviste d'Eure-et-Loir........................ 5 fr. 50
    Pour les souscripteurs à la collection............ 3 fr. 75

ADHÉMAR DE CHABANNES, Chronique, publiée par Jules CHAVANON, archiviste du département du Pas-de-Calais................ 6 fr. 50
    Pour les souscripteurs à la collection............ 4 fr. 50

EUDES DE SAINT-MAUR, Vie de Bouchard le vénérable, comte de Vendôme, de Corbeil, de Melun et de Paris (X⁰ et XI⁰ siècles), publiée par Ch. BOUREL DE LA RONCIÈRE (fasc. 13)... 2 fr. 25
    Pour les souscripteurs à la collection............ 1 fr. 50

HARIULF. Chronique de l'abbaye de Saint-Riquier, publiée par F. LOT, ancien élève de l'École des Chartes et de l'École pratique des Hautes-Études (fasc. 17)........................ 10 fr. »
    Pour les souscripteurs à la collection............ 7 fr. »

Liber miraculorum sancte Fidis, publié d'après le manuscrit de la Bibliothèque de Schlestadt, avec une introduction et des notes, par l'abbé BOUILLET. 1 vol. in-8 (fasc. 21)................ 7 fr. 50
    Pour les souscripteurs à la collection............ 5 fr. 25

SUGER, Vie de Louis le Gros, suivie de l'Histoire du roi Louis VII, publiée par A. MOLINIER (fasc. 4). *Épuisé.*
    Pour les souscripteurs à la collection............ 4 fr. 50

GALBERT DE BRUGES. Histoire du meurtre de Charles le Bon, comte de Flandre (1127-1128), suivie de poésies contemporaines, publiée par H. PIRENNE (fasc. 10)................ 6 fr. »
    Pour les souscripteurs à la collection............ 4 fr. 25

GUILLAUME DE SAINT-PATHUS, confesseur de la reine Marguerite, Vie de saint Louis, publiée d'après les mss. par H.-François DELABORDE (fasc. 27)........................ 4 fr. 50
    Pour les souscripteurs à la collection............ 3 fr. 25

PHILIPPE DE BEAUMANOIR, Coutumes de Beauvaisis, texte critique publié av. une introduction, un glossaire et une table analytique, par Am. SALMON, t. 1 (fasc. 24)................ 12 fr. »
    Pour les souscripteurs à la collection............ 8 fr. »

PIERRE DUBOIS, De recuperatione Terre sancte, traité de politique générale du commencement du XIV° siècle, publié par Ch.-V. LANGLOIS (fasc. 9).. 4 fr. »
    Pour les souscripteurs à la collection.................... 2 fr. 75

Annales Gandenses, publiées par F. FUNCK-BRENTANO, bibliothécaire à la Bibliothèque de l'Arsenal (fasc. 18)................................ 4 fr. 25
    Pour les souscripteurs à la collection.................... 3 fr. »

Chronique artésienne (1295-1304), nouv. éd. et **Chronique tournaisienne (1296-1314)**, publiée pour la première fois d'après le ms. de Bruxelles, par Frantz FUNCK-BRENTANO (fasc. 25), av. carte.... 4 fr. »
    Pour les souscripteurs à la collection.................... 2 fr. 75

Textes relatifs aux institutions privées aux époques mérovingienne et carolingienne, publiés par M. THÉVENIN (fasc. 3). *Épuisé.*
    Pour les souscripteurs à la collection.................... 4 fr. 50

Documents relatifs à l'histoire de l'industrie et du commerce en France, publiés avec une introduction, par Gustave FAGNIEZ. Fasc. I°. 1° siècle avant Jésus-Christ jusqu'à la fin du XIII° siècle (fasc. 22)... 9 fr. 50
    Pour les souscripteurs à la collection.................... 6 fr. 50

Lois de Guillaume le Conquérant en français et en latin, textes et études critiques, publiés par John E. MATZKE, professeur de langues romanes à « Leland Stanford Junior University » (Californie), avec une préface historique par Ch. BÉMONT.. 2 fr. 25
    Pour les souscripteurs à la collection.................... 1 fr. 50

Chartes des libertés anglaises (1100-1305), publiées par Ch. BÉMONT (fasc. 12).. 4 fr. 50
    Pour les souscripteurs à la collection.................... 3 fr. 25

Textes relatifs à l'histoire du Parlement depuis les origines jusqu'en 1314, publiés par Ch.-V. LANGLOIS (fasc. 5)........ 6 fr. 50
    Pour les souscripteurs à la collection.................... 4 fr. 50

Les grands traités de la guerre de Cent ans, publiés par E. COSNEAU (fasc. 7)... 4 fr. 50
    Pour les souscripteurs à la collection.................... 3 fr. 25

Ordonnance Cabochienne (mai 1413), publiée par A. COVILLE (fasc. 8)... 5 fr. »
    Pour les souscripteurs à la collection.................... 3 fr. 50

Documents relatifs à l'administration financière en France de Charles VII à François I° (1443-1523), publiés par G. JACQUETON (fasc. 11)... 8 fr. 50
    Pour les souscripteurs à la collection.................... 5 fr. 75

Les grands traités du règne de Louis XIV, publiés par H. VAST. Fascicule I (1648-1659) (fasc. 15).. 4 fr. 50
    Pour les souscripteurs à la collection.................... 3 fr. 25

— Fascicule II (1668-1697) (fasc. 23)................................... 5 fr. 50
    Pour les souscripteurs à la collection.................... 4 fr. »

— Fascicule III (1713-1714) et table générale (fasc. 28)..... 5 fr. 25
    Pour les souscripteurs à la collection.................... 3 fr. 75

Documents relatifs aux rapports du clergé avec la royauté de 1682 à 1705, publiés par L. MENTION (fasc. 14)............. 4 fr. 50
    Pour les souscripteurs à la collection.................... 3 fr. 25